CB072372

Adobe Illustrator CS3

Prá lá de

GUIA PRÁTICO E VISUAL

Anderson da Silva Vieira

ALTA BOOKS®

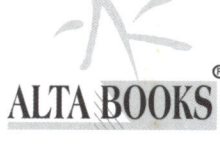

Rio de Janeiro, 2008

Adobe Illustrator CS3 Guia Prático e Visual
Copyright © 2008 da Editora Alta Books Ltda.

Todos os direitos reservados e protegidos pela Lei 5988 de 14/12/73. Nenhuma parte deste livro, sem autorização prévia por escrito da editora, poderá ser reproduzida ou transmitida sejam quais forem os meios empregados: eletrônico, mecânico, fotográfico, gravação ou quaisquer outros.

Todo o esforço foi feito para fornecer a mais completa e adequada informação, contudo a(s) editora(s) e o(s) autor(es) não assumem responsabilidade pelos resultados e usos da informação fornecida. Recomendamos aos leitores testar a informação bem como tomar todos os cuidados necessários (como o backup), antes da efetiva utilização. Este livro **não** contém CD-ROM, disquete ou qualquer outra mídia.

Design e Criação
BookImage Projetos Editoriais
www.bookimage.com.br

Edição e Produção Editorial
Editora Alta Books

Impresso no Brasil

Erratas e atualizações: Sempre nos esforçamos para entregar a você leitor um livro livre de erros técnicos ou de conteúdo, porém nem sempre isto é conseguido, seja por motivo de alteração de software, interpretação ou mesmo quando alguns deslizes constam na versão original de alguns livros que traduzimos. Sendo assim criamos em nosso site a seção Erratas no site www.altabooks.com.br, onde, se algum erro for encontrado em nossos livros, este será relato com a devida correção.

Avisos e Renúncia de Direitos: Este livro é vendido como está, sem garantia de qualquer tipo, seja expressa ou implícita.

Marcas Registradas: Todos os termos mencionados e reconhecidos como Marca Registrada e/ou comercial são de responsabilidade total de seus proprietários. A Editora informa não estar associada a nenhum produto e/ou fornecedor apresentado no livro. No decorrer da obra, imagens, nomes de produtos e fabricantes podem ter sido utilizado e desde já a Editora informa que o uso é apenas ilustrativo e/ou educativo, não visando lucro, favorecimento ou desmerecimento do produto/fabricante.

O código de propriedade intelectual de 1º de Julho de 1992 proíbe expressamente o uso coletivo sem autorização dos detentores do direito autoral da obra bem como a cópia ilegal do original. Esta prática generalizada nos estabelecimentos de ensino provocam uma brutal baixa nas vendas dos livros ao ponto de impossibilitar aos autores de criarem novas obras

Rua Viúva Claudio, 291 - Jacaré
Rio de Janeiro - RJ CEP 20970-031
Tel: 21 3278-8069 Fax: 21 3277-1253
www.altabooks.com.br
altabooks@altabooks.com.br

Aos guerreiros da família Silva.

Sobre o Autor

Anderson da Silva Vieira trabalhou como Editor e Diretor Editorial nas principais Editoras de livros técnicos (dentre elas a própria Alta Books, onde teve o prazer de iniciar o segmento de livros traduzidos) do país e especializou-se na publicação de livros de informática.

Seu primeiro emprego foi justamente em uma editora de livros de informática, onde acabou se apaixonando pelo excitante mercado de livros técnicos e, desde então, passou por algumas excelentes Editoras onde pode aprender cada vez mais e, principalmente, ensinar a todos os membros das equipe a "fórmula mágica" para editar um bom livro. Por dominar todo o processo editorial e gráfico estava sempre envolvido e sendo questionado sobre as melhores alternativas e soluções para a produção das obras.

Desde 1991, já editou mais de 300 livros de informática, negócios e auto-ajuda tendo diversas vezes colocado os livros nas listas de *Mais Vendidos* do Brasil. No segmento de informática, sempre demonstrou paixão em especial pelos softwares gráficos e por isso acabou se especializando em diverso programas gráficos (desde o 3D Studio e Corel Ventura até as mais recentes versões do CAD, Quark, Page e Indesign).

Pode ser contactado através do e-mail **anderson@bookimage.com.br**

Quem dá o melhor de sí não tem tempo
para se preocupar com o fracasso.
Acredite, trabalhar vale a pena!

Onde é que está?

UM LOOONGO COMEÇO 1
    Perdendo a vergonha 6
    Cada pedacinho do Illustrator 8
    Manipulando paletas 13
    Menus 16
    Caixa de Ferramentas 16
    Barra de opções 28
    De volta à teoria 29
        Tipos de arquivo comuns 31
    Já iniciei o Illustrator e agora, fico olhando? 31
    Eu prefiro assim. E você? 32
    O primeiro desenho é o que fica 36
    Localizando desenhos existentes 38
    Salve, salve simpatia!Salve, salve simpatia! 41
    Pague para entrar... reze para sair! 42
    Ferramentas comuns 42
        Zoom 42
        Uma mão lava a outra 45
        Mais espaço na minha mesa, por favor! 46
        Reguás e guias 48
        Grades 50
        Dicas adicionais 50
    De volta à teoria, a saga continua 51
        Modos de Cores 51

QUAL É O SEU PROJETO DE VIDA? 53
    Primeira Consideração: Salve o seu arquivo. 58
    Segunda Consideração: Garanta o seu direito autoral sobre o desenho. 58
    Terceira Consideração: Redefina as configurações do projeto/desenho. 59
    Quarta Consideração: Passeando pelo desenho 61
    Quinta Consideração: reaproveite os projetos! 62
    Sexta Consideração: veja bem os desenhos. Cada detalhe é muito importante... 63

UFA!! DESENHANDO OBJETOS, FINALMENTE 73

Uma coisa de cada vez 74

Crie a partir do nada e crie a partir do tudo 81

    Flare: Uma ferramenta que fica escondida mas que pode ser de grande valia para o seu desenho 97

Técnicas para uso com as ferramentas 97

    Reflexo 113

OLHA MÃE, APRENDI A ESCREVER! 117

Técnicas de edição 121

Formatando o texto, não o HD 132

Uma letra aqui com outra letra ali e temos um parágrafo 135

Sobre a paleta Character e Paragraph 138

Técnicas especiais com textos 139

OS PROFISSIONAIS USAM E VOCÊ TAMBÉM IRÁ USAR 161

Seleção brasileira 162

Guias e réguas, quem usa sabe o quanto são importantes 164

Blend 168

Máscara 171

Distorção 176

Transparência 178

Um céu estrelado 181

Pincel 184

Camadas 187

Símbolos 187

Impressão, Web, exportação de arquivos e outras coisas que você já leu em algum lugar 188

PREFÁCIO

Por anos eu ouvi diversas pessoas dizerem que o Illustrator é um bicho de sete cabeças. Realmente é, mas não por culpa do programa e sim por falta de informação dos usuários.

Quero alerta-lo que esse livro não irá torná-lo um expert em desenho e ilustrações. Irá sim dar plena condição de você utilizar o Illustrator no seu dia-a-dia. Ser um expert em desenho requer muito mais que conhecimento no Illustrator. **Requer técnica, requer dedicação e vocação.**

Se você não suporta sangue, não tente ser médico. Se você não consegue desenhar nem um círculo a mão livre, use o Illustrator mas não pense que o seu círculo será exposto em alguma galeria de obra de arte no dia seguinte.

Não vou julgar a capacidade de ninguém, mas eu gostaria de aqui no início do livro avisar que sem dedicação e busca por conhecimento, de nada lhe adiantará o Illustrator.

Um alerta

Em diversos livros e manuais você encontrará chamadas assim:

Crie logotipos, mapas, cartazes, formulários, sites e verdadeiras obras de arte com o Illustrator.

Está correto afirmar que com o Illustrator é possível criar tudo isso e muito mais, só que nenhum livro fala o mais importante:

Quem cria é você e não o Illustrator

Criar algo no Illustrator significa ter uma idéia e saber como juntar os elementos (objetos) para formar essa idéia dentro do Illustrator.

Por isso, o livro irá mostrar como manipular esses elementos (objetos) mas não tenho como mostrar no livro como juntar o quebra-cabeça para dar vida às suas idéias.

1, 2, 3, 4, 5 técnicas esquecidas

Neste capítulo de bonificação, mostrarei 3 pequenas técnicas que são simplesmente esquecidas pelos novatos e pelos profissionais que utilizam o Illustrator. O fato dele estar no início do livro é para dar o gostinho de quero mais...

A menor distância entre dois pontos é um atalho!

Acredite, todo bom profissional, seja em qual profissão for, antes de começar a trabalhar se preocupa com uma coisa: Tornar o seu ambiente de trabalho agradável, prático e confortável. No Illustrator não é diferente. Todo os programas atualmente têm uma opção para personalização do sistema ao gosto do usuário, contudo, muitos usuários configuram diversas funções mas esquecem de uma bem simples e útil que é a configuração das teclas de atalho. Apesar do Illustrator já ter teclas de atalho previamente definidas, podemos modificar a configuração padrão ao *gosto do freguês*.

Para isso, clique em Edit > Keyboard Shortcuts (atalhos de teclado).

A caixa será exibida e nela você verá as configuração atuais e também poderá fazer as modificações que desejar.

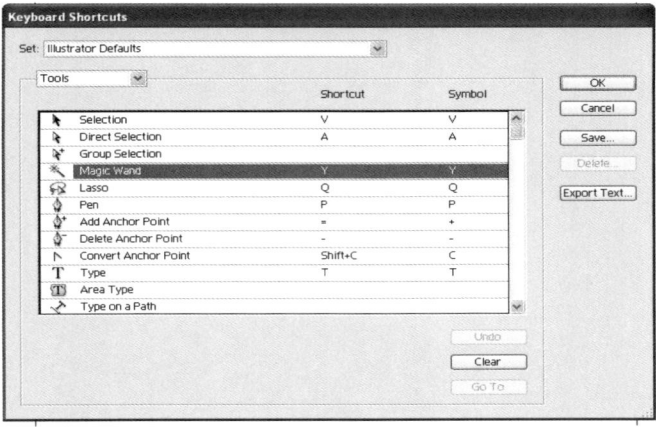

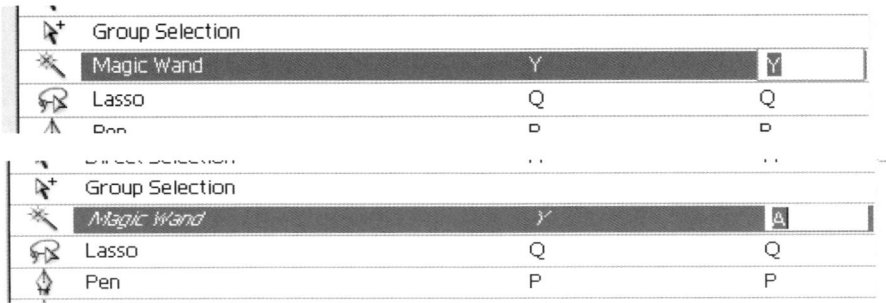

Gráficos

Você sabia que no Illustrator é possível criar gráficos? Não, não pense que estou brincando com a sua inteligência pois é claro que o Illustrator é u programa para criação de gráficos (imagens) mas eu estou me referindo a outro tipo de gráfico: gráfico de dados similar aos do Excel.

Na barra de ferramentas clique em Column Graph Tool

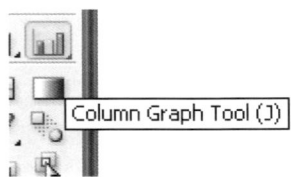

Sobre a área de trabalho, segure e arraste o mouse.

Ao liberar o mouse, surgirá o esboço inicial do gráfico e uma caixa com uma planilha similar a do Excel para a entrada de dados.

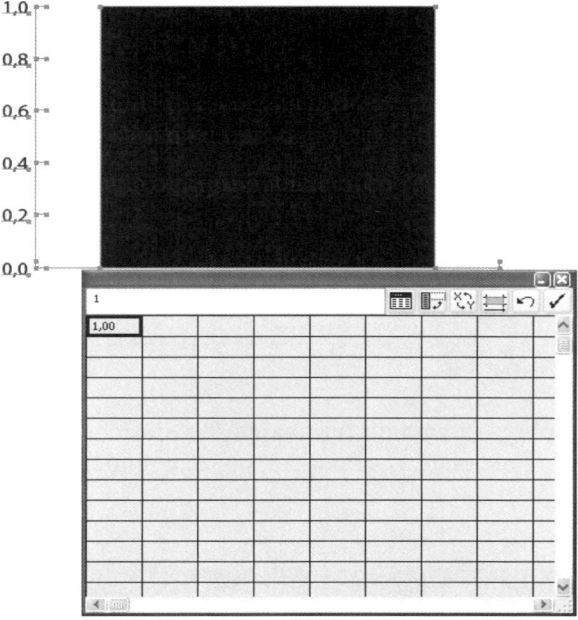

A medida que você insere os dados na planilha (linhas e colunas) o gráfico será montado na área de trabalho.

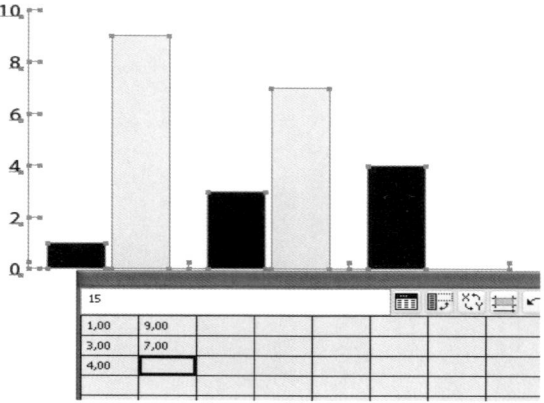

A criação de gráficos de dados no Illustrator não tem muito mistério, isso é, se você estiver acostumado como Excel. Observe que na barra de ferramenta existem outras opções de gráficos.

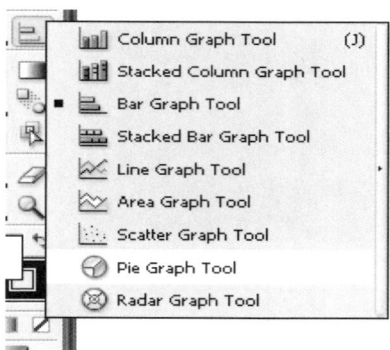

Um duplo clique sobre o ícone da ferramenta de gráficos na barra faz aparecer a caixa de diálogo Graph Type onde você poderá, por exemplo, escolher o tipo de gráfico a ser utilizado.

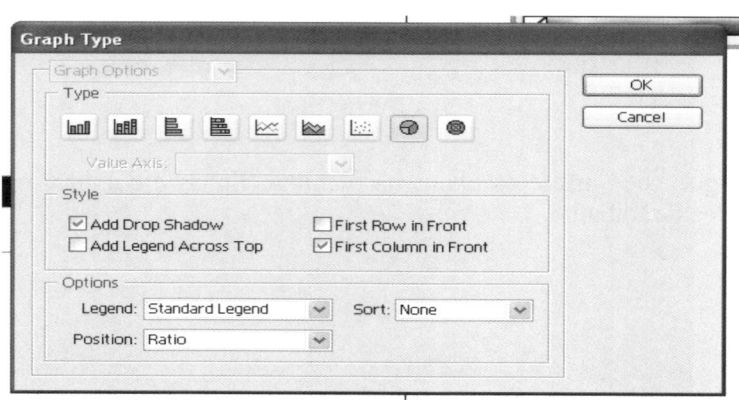

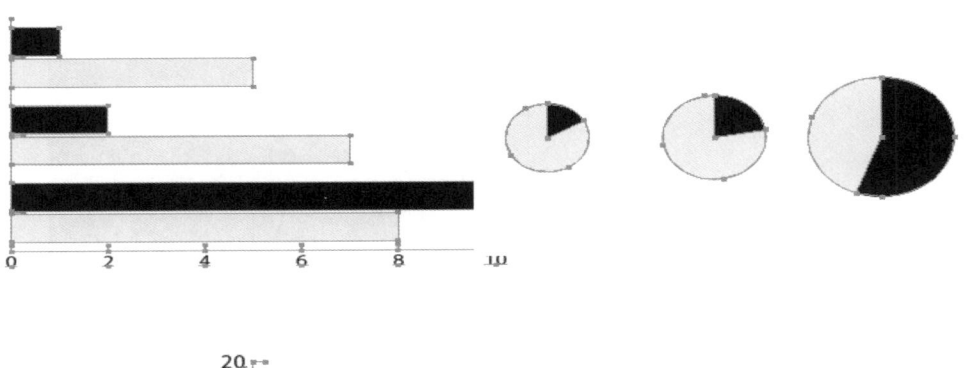

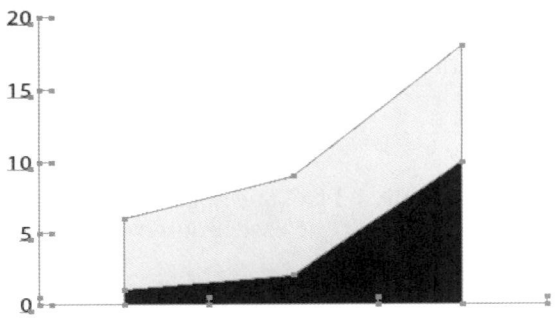

Do bom para o ruim...

Desculpe a brincadeira no título mas é inevitável... Explico:

Por incrível que pareça, existem pessoas (será podemos chamar alguém que faz um troço desse de pessoa?) que têm o maldito hábito de usar um programa como o Illustrator simplesmente para abrir uma imagem (ilustração) e depois "jogá-la" para o Word do Office. Isso é um pecado pois uma imagem criada no Illustrator (ou no Corel) deve e precisar ser manipulada dentro do próprio programa e JAMAIS em um Word ou Paint. Exportar uma imagem do Illustrator para ser usada em um documento do Word é extremamente válido afinal você estará dando um toque de requinte ao documento Word. Agora pegar uma imagem do Illustrator e jogá-la para o Word para poder colocar outras coisas na imagem utilizando-se o Word (pois o usuário não sabe utilizar o Illustrator) é realmente uma facada no coração de quem fez a ilustração.

Bom, vou deixar as reclamações de lado e vou à prática. No Illustrator você pode facilmente exportar as ilustrações para o Office simplesmente clicando em File > Save for Microsoft Office (com a ilustração aberta no Illustrator)

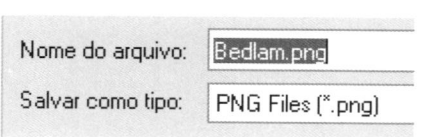

Esse processo irá criar um arquivo .PNG que poder ser lido pelo Word, Powerpoint e também pelo Paint. Porém, lembre-se que esse arquivo .PNG não permitirá edição na imagem.

Limpando tudo...

Vai enviar sua Illustração para um amigo? Vai enviar via Internet? Quer dar um "ar" profissional em seu trabalho? Então não se esqueça de dar uma limpada em sua ilustração para eliminar tudo aquilo que foi utilizado durante a criação mas que não influenciam em nada no produto final.

Com a ilustração aberta, clique em Object > Path > Clean up.

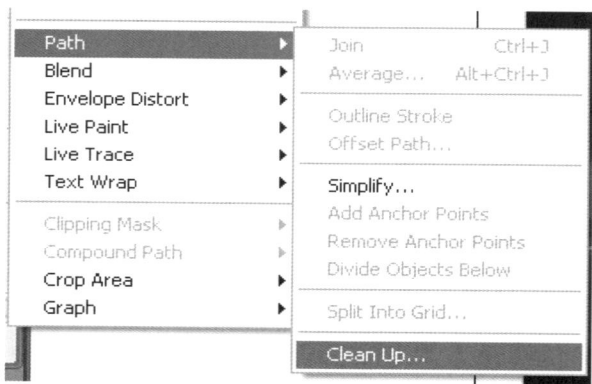

A caixa Clean Up aparecerá e nela você deverá deixar as três opções marcadas para que seja feita uma limpeza completa na ilustração (excluir Paths – caminhos – desnecessários)

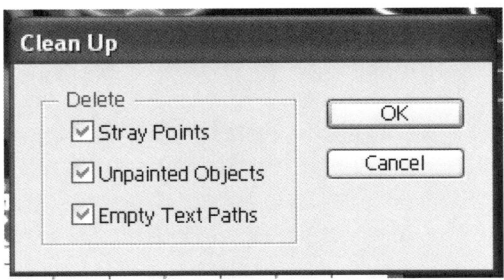

Aparentemente você não verá nenhuma mudança na ilustração, mas dependendo da quantidade de lixo existente no arquivo, efetuar a limpeza irá reduzir consideravelmente o seu tamanho em Kb, o que é fundamental para envio do material via Internet.

Imagem dentro de um texto

Sim, todo bom livro, tutorial, site, revista e outros costumam mostrar essa técnica, mas nem todos de uma forma tão simples como a que mostrarei agora.

Abra uma imagem qualquer e em seguida digite um texto qualquer sobre a imagem usando a ferramenta de texto.

Com a ferramenta de seleção, selecione os dois elementos (imagem e texto). Em seguida clique em Object > Clipping Mask > Make. O Illustrator irá ocultar a imagem (elemento do fundo) e preencherá o texto (elemento de primeiro plano) com o conteúdo da imagem, de acordo com o posicionamento do texto sobre a imagem.

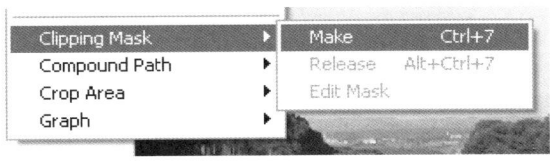

ANDERSON

Observe, atentamente, que o Illustrator respeitará o posicionamento do texto sobre a imagem para fazer o preenchimento. Na imagem abaixo, o N ficou fora da imagem e o resultado será o não preenchimento da letra.

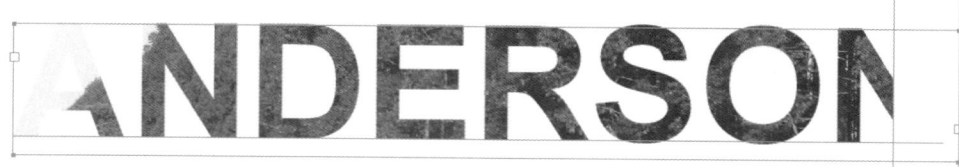

Claro, como o livro é preto e branco ficará um pouco difícil você perceber o preenchimento. Portanto, treine em seu computador.

Para desfazer o efeito, clique em Clipping Mask > Release

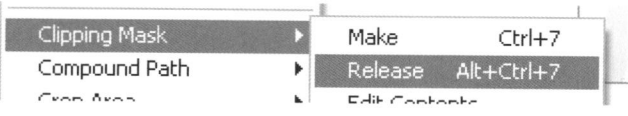

UM LOOONGO COMEÇO

Existem vários programas de ilustração, mas ao término deste livro você irá concordar comigo na seguinte afirmação:

O Illustrator é tudo o que eu (você) preciso(a).

Se alguém perguntar para você se já utilizou o Photoshop alguma vez, com certeza a sua resposta será sim (mesmo que tenha sido para imprimir uma imagem qualquer). Agora, se a mesma pergunta for feita considerando o Illustrator a probabilidade de você dizer não é enorme. Estou errado?

O primeiro problema relativo ao Illustrator é: muitos sabem que ele existe, mas não sabem a sua finalidade.

Neste Capítulo...

Um monte de coisas para encher a sua cabeça de informações vitais que você não pode deixar de ler.

Portanto, chegou a hora de conhecer o Illustrator e, para isso, você terá que decorar algumas regras.

Regra número 1: O Illustrator não é o Photoshop.

Apesar de trabalharem em conjunto, cada um dos programas tem as suas características individuais.

Regra número 1: A Adobe inventou o PostScript

Com isso revolucionou o mercado de tipografia e, sem brincadeira, deu um nó na cabeça de muitos usuários que não faziam idéia do que era a linguagem PostScript. Ah, você também não sabe o que é PostScript? Pois corra atrás do prejuízo porque é de vital importância saber o que é.

Infelizmente nesse livro não poderei ensinar o que é PostScript, mas vou ajudar dando algumas definições possíveis:

> *Postscript* - Trata-se de um formato tradicional para descrição de documentos de alta qualidade, incluindo textos, gráficos e imagens. Este formato é compreendido pela maioria das impressoras *laser* e jato de tinta modernas.
>
> *PostScript* é um arquivo que contém instruções de impressão para a impressora. Quando a impressora o recebe, ela executa os comandos contidos nele para produzir a página impressa.
>
> *PostScript* é uma linguagem descritiva dos objetos contidos numa página.

Se você tentar se aventurar pelo mundo do PostScript, prepare-se para aprender a desenhar através de coordenadas numéricas. A bem da verdade é isso o que o PostScript faz, transforma desenhos e objetos em coordenadas numéricas.

Regra número 1: Photoshop = pixel e Illustrator = linhas

O Photoshop trabalha com pixels e o Illustrator trabalha com linhas e formas totalmente independentes uma das outras.

Regra número 1: Objeto orientado

Aqui entra a mesma situação do PostScript. Um termo obscuro e chato de ser entendido. Um programa orientado a objeto como o Illustrator é um programa que agrupa diversos objetos (linhas, caracteres, formas) para transformá-los em equações matemática (agora você entende a razão de ter aprendido logaritmo, funções, potencialização, raiz quadrada e outras coisas nas aulas de matemática). Na hora de manipular os objetos (uma impressão por exemplo) o Illustrator irá editar as equações e não os objetos propriamente ditos. Por isso ele consegue ser tão preciso e ter uma qualidade ótima na produção de material final.

Regra número 1: O Illustrator não faz só ilustrações

Essa regra eu vou deixar para você aceitar ou não durante a leitura do livro.

Regra número 1: Feito no computador e feito à mão

Já ouviu falar que tal imagem foi feita no computador e que tal imagem foi feita à mão? Pois bem, com o Illustrator e o Photoshop ambas as situações são possíveis.

Com o Photoshop, você irá trabalhar com imagens já produzidas de alguma forma (fotografia digital ou obtida através de um scanner). Com o Illustrator, além de poder trabalhar com imagens já produzidas, você poderá criar a sua própria imagem, com a sua própria mão, seu próprio mouse, seu próprio computador e seu próprio comprimido para dor de cabeça.

Abaixo, a figura da direita mostra uma imagem do Photoshop q a outra é um desenho do Illustrator.

Regra número 1: As coisas demoram

O Illustrator, como dito, trabalha com equações matemáticas. Então um simples zoom em um desenho pode levar horas para ser concluído (dependendo, é claro, do desenho e do seu computador). Tenha sempre um bom livro para ler nos "intervalos" ou faça como eu... deixe a TV a cabo ligada na CNN.

Regra número 1: O casamento é sagrado, mas nem sempre termina bem.

Acostume-se com a idéia de ter que usar o Illustrator com o Photoshop sempre em conjunto para obter o melhor resultado. Apesar de o Photoshop ser excelente, tem coisas que somente o Illustrator irá fazer. Prepare-se para ter altas dores de cabeça com objetos que não exportam, cores saturadas, máquina travando... Nada que a meditação e um bom chá não resolvam.

Regra número 1: Comece no Illustrator e termine no Photoshop. Ou vice versa.

Acostume-se também a iniciar o projeto no Photoshop e ter que concluí-lo no Illustrator. Por exemplo, um determinado desenho de uma casa pode ser feito no Illustrator. Mas para ter uma aparência profissional você precisa utilizar um fundo criado no Photoshop e depois inserir no desenho criado no Illustrator. Complicado? Acredite, vai piorar.

Regra número 1: Pixel e Bitmap

Outra vez, se você nunca ouviu falar nesses termos, sinto muito, mas vai ter que aprender. Pixel é o menor elemento de um objeto gráfico. Bitmap é o nome do arquivo onde estão gravadas as informações referentes aos pixels (cor, localização, qualidade e etc).

Uma figura no Photoshop (à direita). Após aplicar zoom máximo, é possível visualizar os "quadrados" dos pixels.

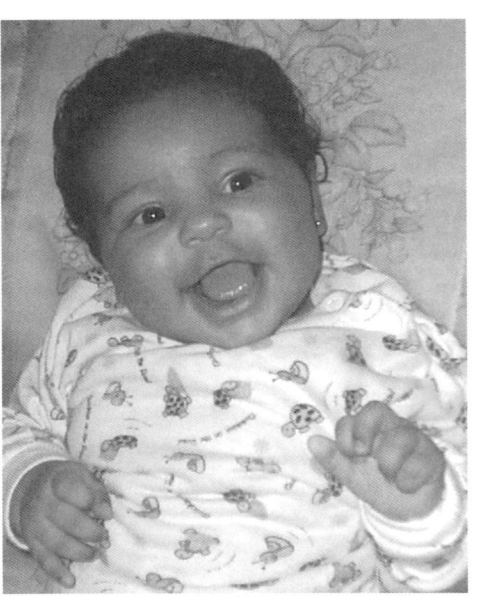
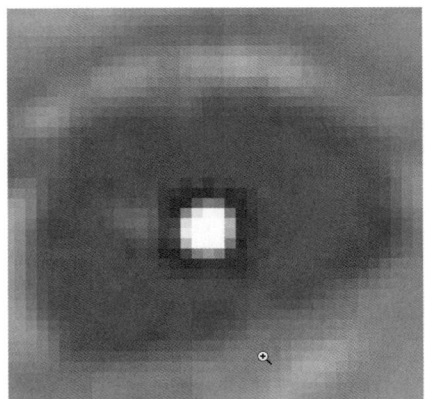

Regra número 1: Vetores e curvas

Isso está parecendo um glossário. Na verdade é um glossário, só que de uma forma diferente para que você não passe pelas páginas sem entender.

O Illustrator é um programa baseado em vetores, ou seja, utiliza segmentos de linhas que são controlados por pontos de ancoragem. Em um único desenho é possível ter diversas linhas que formam um conjunto de curvas para a criação do desenho. A figura abaixo exemplifica o processo.

Regra número 1: Escalabilidade

Meu Deus, pulo agora pela janela ou espero mais um pouco? Recomendo que pule agora, mas pule junto com o livro para ele ser seu *eterno companheiro*.

Essa palavrinha, escalabilidade, nada mais é do que uma singela forma de dizer que um arquivo criado no Illustrator pode ser usado tanto para uma pequena impressão (selo, logotipo) como para grandes formatos (pôster) sem perder a qualidade e, principalmente, sem aumentar o tamanho do arquivo.

Regra número 1: Caminhos

Se o Illustrator trabalha com linhas que formam curvas que são formadas por pontos de ancoragem, é fácil deduzir que todo desenho criado no Illustrator tem um ponto inicial e um ponto final, digamos ponto A e ponto B. O trajeto entre o ponto A ao ponto B é o que chamamos de Path (Caminho). Mas preste atenção, toda linha é um Path.

Se toda linha é um Path, o que ocorre com uma estrela que é um conjunto de linhas agrupados de tal maneira a formar o objeto estrela? Bem, a estrela é composta pelo que chamamos de *Closed Path* (caminho fechado) pois o ponto A e B estão na mesma posição, ou seja, a linha começa e termina no mesmo local. Quando a linha começa num ponto e termina em outro, chamamos de *Open Path* (caminho aberto). Um T é um exemplo fácil de um Open Path.

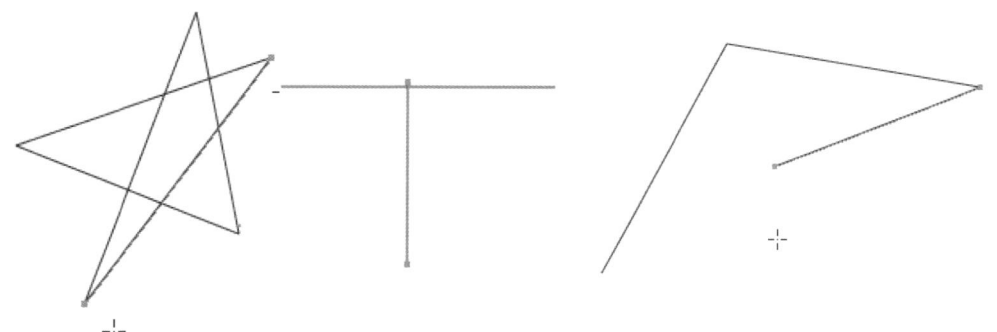

Quando você cria uma linha no Illustrator, você insere os *Anchor Points* (âncoras) que servem para indicar o início e o fim de uma linha. Entretanto, você pode ter anchor points no meio de uma linha quando, por exemplo, estiver criando uma linha curva.

Ah, só para confundir um pouco mais, um *shape* (forma geométrica) também é path.

Regra número 1: Preenchimento

Outro termo bastante comum no Illustrator é o Fill (preenchimento). Como o nome já diz, ele irá preencher algo com alguma coisa. A diferença está na forma que esse preenchimento se dará. Veja um exemplo.

Na teoria, para preencher alguma coisa, você precisa de um recipiente fechado como um quadrado. No Illustrator essa premissa é válida, porém ele permite que você utilize outros tipos de preenchimento, como o da figura acima que contém dois pontos abertos mas que foram preenchidos com uma cor.

Recomendo que você tire uma cópia dessas regras e cole na porta da geladeira por pelo menos 1 semana. Depois você pode tirar da porta da geladeira e colar na porta do armário por mais uns 50 dias...

Ah, todas as regras estão numeradas com o número 1 pelo simples fato de não ser possível determinar qual é a mais importante. Todas são!

Perdendo a vergonha

Agora, chega de falar e vamos começar a usar o Illustrator. Deixe a vergonha de lado, assuma que será a sua primeira vez e bola para frente.

No menu iniciar, clique sobre a opção Adobe Illustrator CS3.

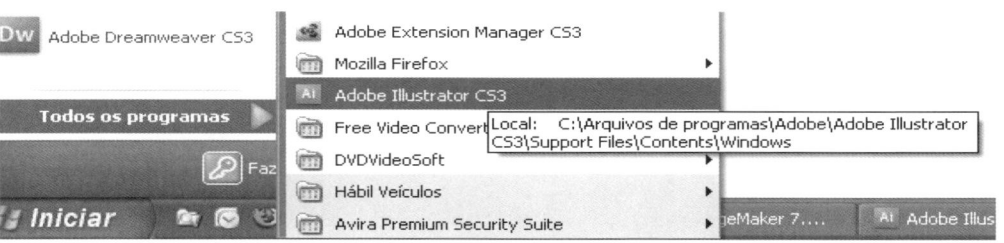

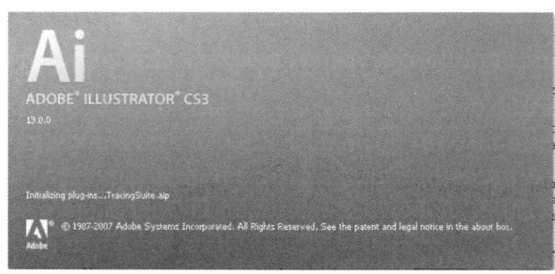

Como estamos usando a versão demo do programa, a primeira tela que surgirá é um informativo sobre quantos dias você ainda tem de uso do programa. No total, você poderá usar o programa por 30 dias e após esse período não adianta desinstalar e instalar novamente que ele continuará bloqueado.

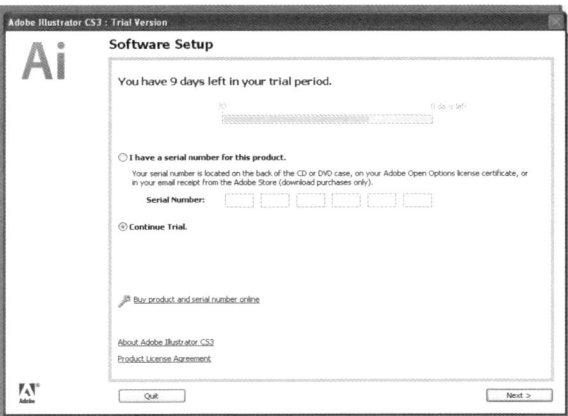

Clique em Continue Trial e depois em Next. A inicialização prosseguirá e a tela inicial do Illustrator será exibida.

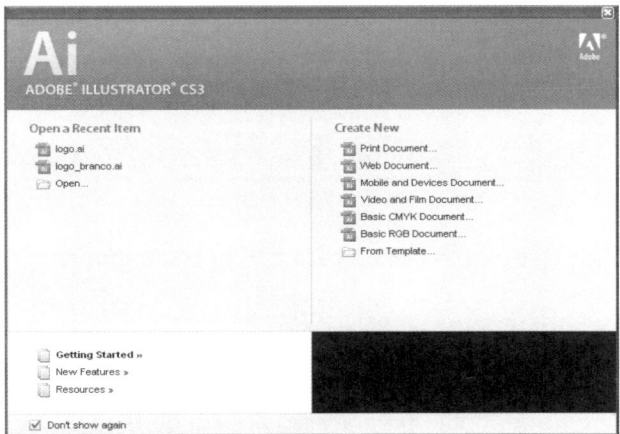

A primeira coisa que você deve fazer é clicar em **Don't Show Again** para desativar a exibição da caixa que aparece sobre a tela do Illustrator sempre que ele é carregado.

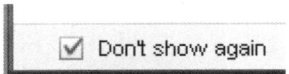

Se você quiser deixar essa opção ativa, tudo bem mas com o tempo você ficará cansado dela com certeza. A função desta caixa é permitir acesso a alguns comandos que estão disponíveis nos menus do Illustrator tal como abrir um documento recentemente utilizado.

Depois de desmarcar a caixa Show..., clique no botão Close (fechar) na parte superior da caixa.

Difícil? Creio que não. Para você ficar feliz, muitos dos recursos que você irá utilizar no Illustrator são tão difíceis quanto iniciar o programa. Essa é a mágica dos softwares gráficos atualmente, tornar tarefas árduas em processos, digamos, ridículos.

Cada pedacinho do Illustrator

Você sabe onde fica a injeção eletrônica do seu carro (isto é, se ele tiver uma...). Você sabe onde fica o botão pause no controle remoto do seu DVD? Sabe a diferença entre LCD e Plasma?

Bom, a probabilidade de você responder não para uma das duas perguntas acima é bastante grande caso você não seja um garotinho de 9 anos.

Como eu não quero que você fique na mão com o Illustrator, vamos trabalhar exaustivamente em cima da interface do programa. Na página anterior eu mostrei a área de trabalho do Illustrator. Como a imagem no livro é pequena, recomendo que você acompanhe a leitura desta seção na frente do micro, com o Illustrator aberto é claro. Na parte superior esquerda da área de trabalho, é exibida a barra de título e a barra de menus do Illustrator.

Na parte superior direita, estão os botões para maximizar e minimizar o Illustrator.

Se você estiver com o Illustrator aberto sem nenhum desenho sendo exibido, será exibido no lado superior direito um botão para acesso ao Adobe Bridge. Ao clicar sobre esse botão, o Adobe Bridge será inicializado e exibirá a pasta Templates (modelos) do Illustrator. Rapidamente falando, o Bridge é uma espécie de assistente de busca de imagens no computador, permitindo uma prévia visualização de cada arquivo de imagem disponível em seu computador.

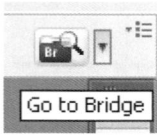

Voltando para a área de trabalho do Illustrator, no lado esquerdo é exibido a caixa de ferramentas e no lado direito é exibido uma ou mais paletas.

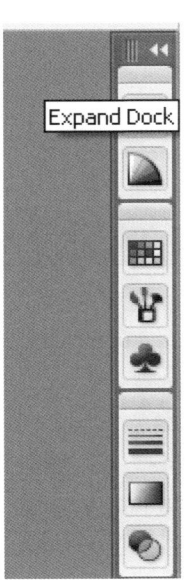
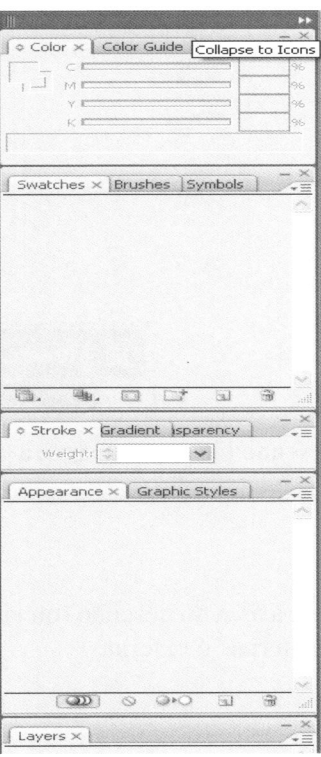

Tanto a caixa de ferramenta como as paletas são de vital importância para o uso eficiente do Illustrator, pois você irá perder horas e horas e horas e horas e horas em cima delas sempre que estiver trabalhando com o Illustrator.

Para continuar, abra um desenho qualquer do Illustrator. Lembre-se que na pasta Sample estão disponíveis alguns desenhos que você poderá utilizar durante o uso do livro.

Ai.
*Se você ouvir alguém dizer que está com um ai aberto, não fique com cara de ? pois isso nada mais é que dizer que está com um arquivo do **A**dobe **I**llustrator aberto. Por isso a extensão de qualquer arquivo feito no Illustrato é ai. No exemplo abaixo, o arquivo se chama flower.ai.*

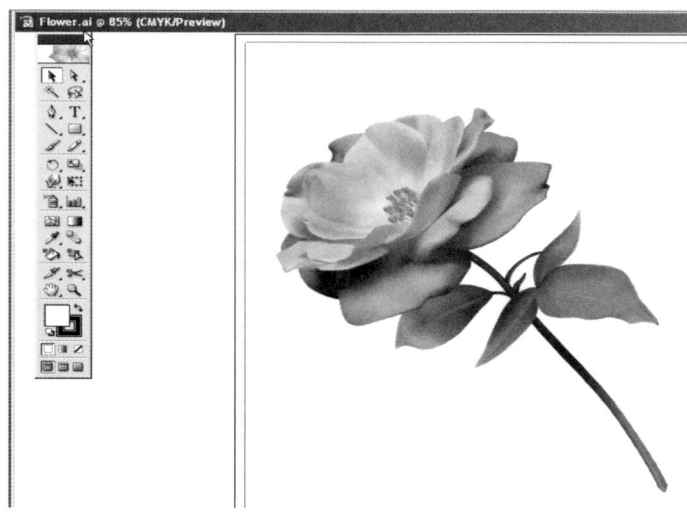

Com o desenho Flower.ai aberto, a primeira coisa a fazer é maximizar a tela de desenho.

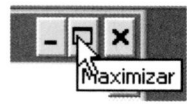

Repare que a área do desenho (ou janela do documento, como preferir) é delimitada por margens internas e externas.

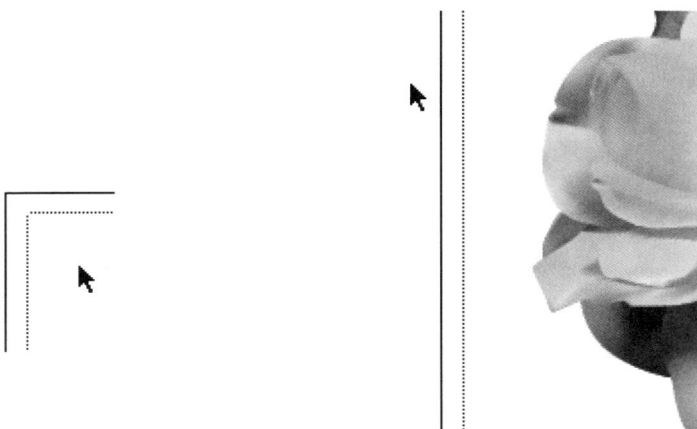

Por enquanto a intenção é apenas mostrar os elementos do Illustrator. Guarde suas dúvidas para depois (escreva num pedaço de papel, pois se não sanar a sua dúvida com o livro, fique à vontade para me mandar um e-mail).

Na janela do documento ainda podem aparecer outros elementos disponíveis no Illustrator tal como a régua, as grades e as guias.

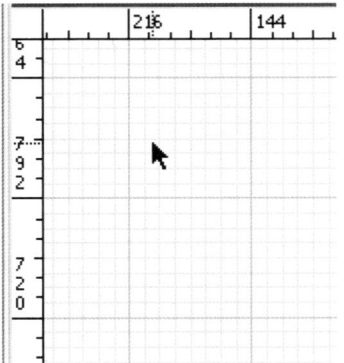

Agora, no lado inferior esquerdo, você encontrará a caixa Zoom.

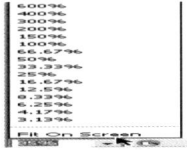

Ao lado da caixa Zoom, está a barra de status do desenho ativo. Nela você poderá obter informações preciosas e de uma maneira bastante rápida.

Se você parar o mouse sobre a barra, o próprio Illustrator mostrará algumas das informações disponíveis tal como o tamanho do arquivo (size).

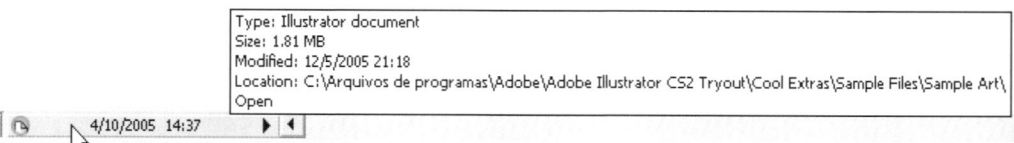

Se você clicar sobre a barra de status, será exibido um menu onde você poderá escolher outras informações a serem exibidas na barra de status. Por exemplo, a data e hora da criação do arquivo ou número de Undos (desfazer) usados.

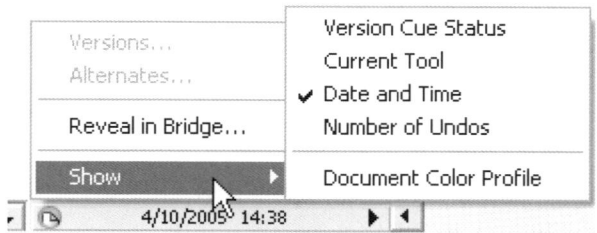

Com o desenho ativo, compare as paletas que são exibidas no lado direito da área de trabalho com as paletas que foram exibidas anteriormente nesta seção.

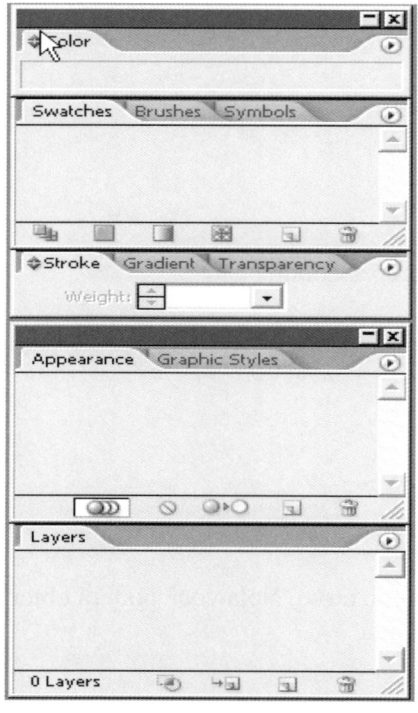
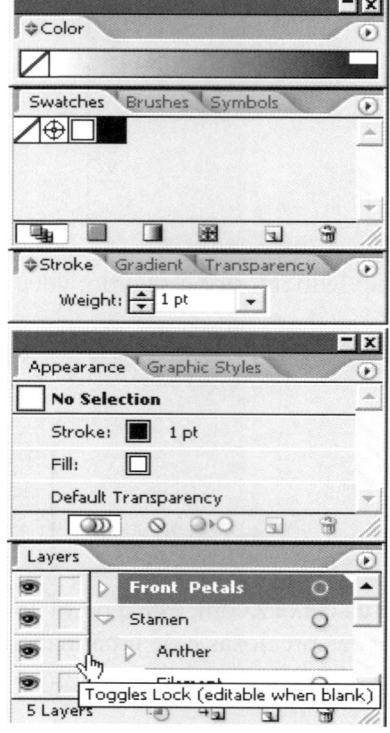

Como o desenho contém diversos elementos, cada paleta passou a exibir determinadas informações para cada elemento. Veremos isso com mais calma lá na frente. No momento, você precisa saber como trabalhar com as paletas e não o que cada uma faz, pois isso só com o tempo e com a prática você irá descobrir. Logo você perceberá que existem algumas paletas que jamais serão utilizadas por você, pois tudo depende do foco e do uso que você fará do Illustrator.

Manipulando paletas

Para quem está começando, ver uma pancada de paletas, comandos e outras coisas uma em cima da outra pode ser um tanto quanto difícil para se localizar. Por isso, eu sugiro que você separe as paletas que mais utiliza e oculte as que não fazem tanta falta.

Na figura abaixo, repare que temos as guias Stroke, Gradient e Transparency, todas numa mesma paleta.

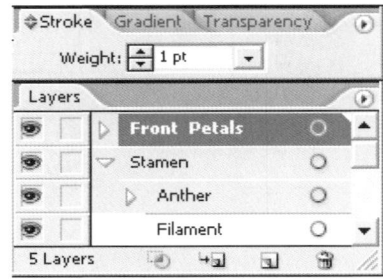

Supondo que você não utilize a paleta Gradient (Gradiente/degradê), mas em contrapartida necessite 100% do tempo da paleta Transparency (transparência), uma boa "jogada" é separar essas paletas. Com o mouse, clique sobre Gradient e mantenha pressionado o botão arrastando a guia para fora da paleta.

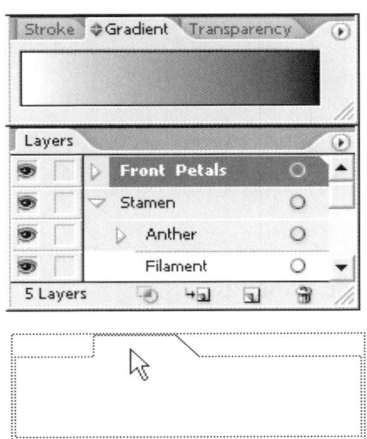

Num primeiro momento, somente o contorno da paleta será movido. Quando você liberar o botão do mouse, a paleta será movida para a nova posição. Repita o procedimento para a Transparency. O resultado será a criação de duas novas paletas.

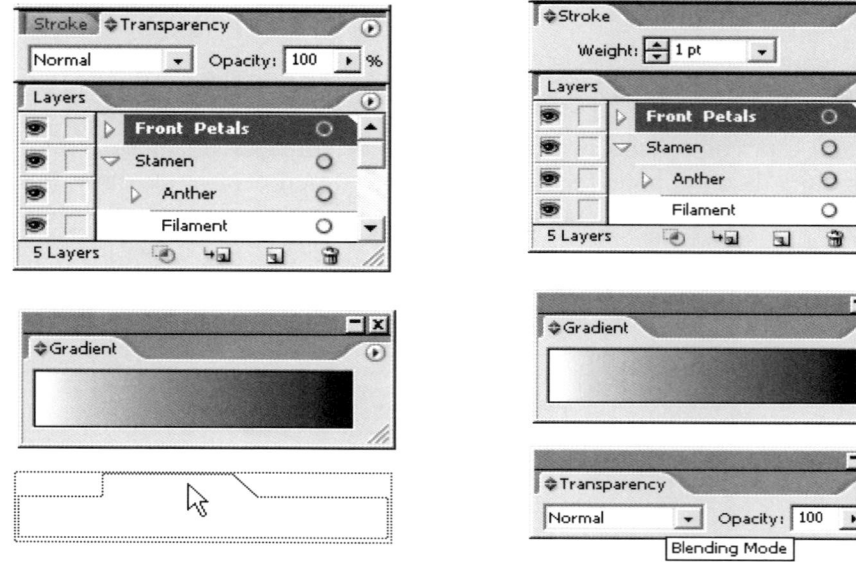

Se quiser voltar à posição anterior da paleta, basta mover a paleta desejada de volta para a sua posição inicial.

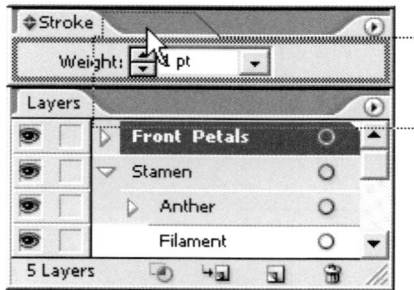

Mas, como eu falei, estou supondo que você não precisa da paleta Gradient e para tanto vamos sumir com ela da área de trabalho.

Com a paleta Gradient separada das demais paletas, clique no menu Window > Gradient. A paleta será ocultada.

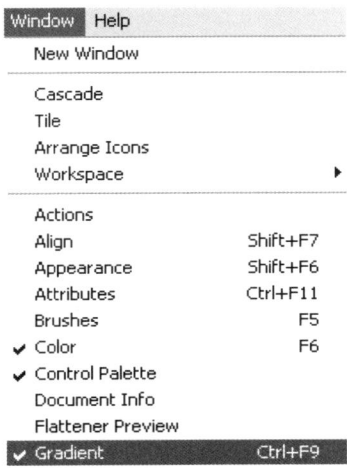

 *Para ocultar uma paleta, é necessário que ela não esteja agrupada com nenhuma outra, caso contrário todo o conjunto será ocultado.*

Observe que no canto direito de cada paleta tem uma pequena seta. Essa seta serve para abrir o menu referente à paleta em uso.

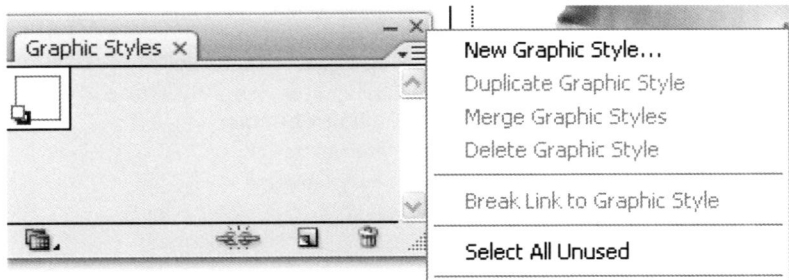

Diversas configurações e recursos não estão visíveis na paleta. Algumas estão escondidas dentro dos menus de contexto, ou seja, menus que mudam de acordo com a tarefa que está sendo executada.

O mesmo ocorre com a parte inferior de cada paleta. Dependendo da paleta selecionada, serão exibidos botões que auxiliam o nosso trabalho.

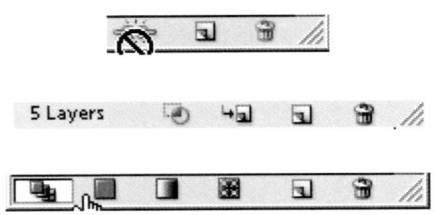

O fato é: o Illustrator (e todos os outros softwares da Adobe) é feito de pequenos detalhes. Acostume-se a observar atentamente cada tela, cada paleta, cada menu, cada janela, cada canto e cada curva do Illustrator pois até aqui só falei de paletas e ainda falta muita coisa tal como menus e caixas de diálogos.

Menus

Aqui não vou mostrar os menus disponíveis no Illustrator, diferentemente do que fiz nas edições anteriores do livro. Sendo assim, perca alguns minutos visualizando e se acostumando com os menus do programa e com as teclas de atalhos.

Lembre-se que além dos menus de contextos existe também os sub-menus (os que são ativados ao parar o mouse sobre um dos itens do menu que esteja acompanhado por uma seta no lado direito), como mostra a próxima figura.

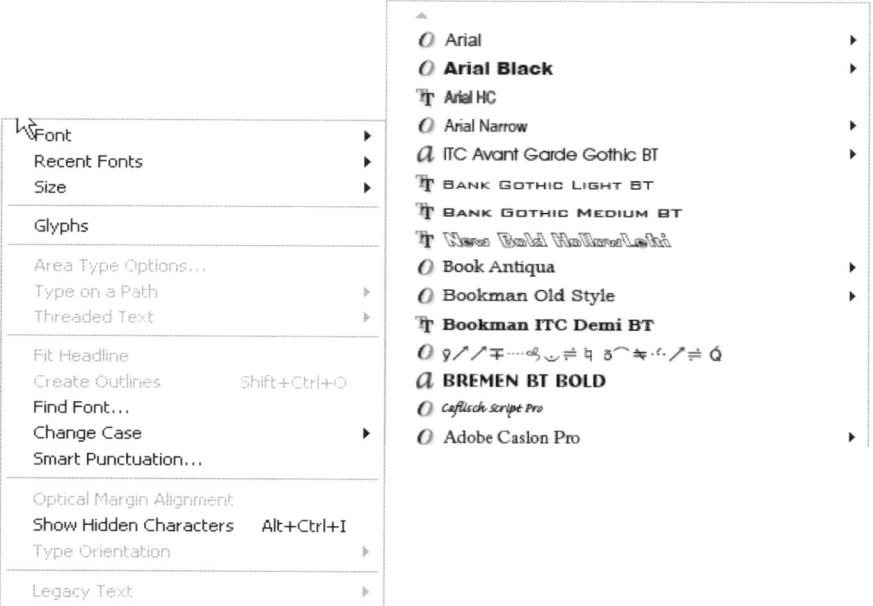

Tenho duas notícias para você. Uma boa e outra ruim. A quantidade de recursos do Illustrator é enorme e, para o seu próprio bem e desenvolvimento, você terá que aprender todos os recursos. Essa é a boa notícia!

A má notícia é que, infelizmente, você não encontrará todos os recursos do Illustrator em um único livro ou curso.

Caixa de Ferramentas

Não agüento mais! Tenho certeza que essa foi a sua reação ao ler mais um título e até agora nada de criar um desenho no Illustrator. Lembra do título deste capítulo?

Como visto anteriormente, o Illustrator tem uma caixa de ferramentas (toolbox) que fica no lado esquerdo da área de trabalho. Contudo, lembre-se que você pode mudar a posição da barra.

De cara você pode encontrar na caixa pelo menos 30 recursos disponíveis e, acredite, com certeza absoluta, você irá usar todos. Repito, todos.

Claro que o uso não se dará de uma única vez. Dependendo do desenho, você poderá utilizar um recurso em quantidade maior do que outro recurso. O problema que ocorre com a caixa de ferramenta é o mesmo que acontece com os menus. Ela tem comandos "escondidos".

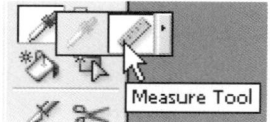
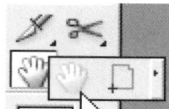

Agora sim você pode começar a entrar em desespero. Some a quantidade de menus com a quantidade de paletas e ferramentas para ter noção do tamanho do Illustrator. Chega a ser insano pensar que alguém possa dominar todas as ferramentas. Pior é que existe quem domine.

Mas não fique triste não, você tem plenas condições de dominar todas as ferramentas do Illustrator em um curto espaço de tempo. A única coisa que você precisa é dedicação, afinal a prática leva à perfeição.

Como a caixa de ferramenta é de suma importância, vou mostrar cada um dos seus componentes, com uma breve definição e exemplificação.

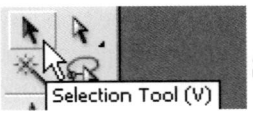**Selection Tool** (ferramenta de seleção) – Seleciona um objeto inteiro.

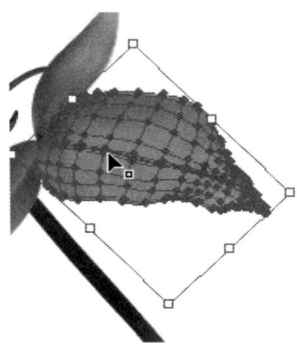

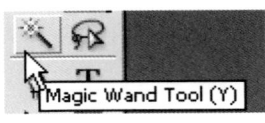**Direct Selection Tool** (seleção direta) – Seleciona parte de um objeto.

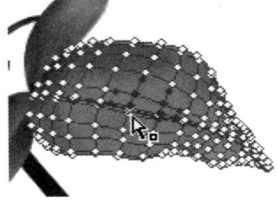

**Magic Wand Tool** (varinha mágica) – Seleciona objetos através da cor.

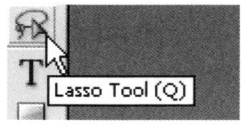 **Lasso Tool** (laço) – Seleciona pontos ou segmentos usando uma espécie de laço.

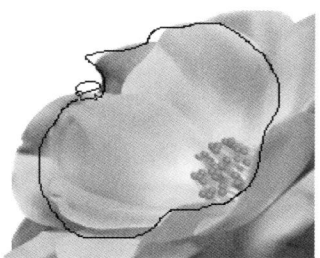

 **Pen** (caneta) – Precisa dizer algo?

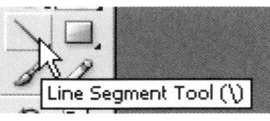 **Type** (tipo) – Precisa de um texto no seu desenho? Eis a ferramenta indicada para a tarefa.

Precisa de um texto?

 **Line Segment** (segmento de linha) – Desenha linhas.

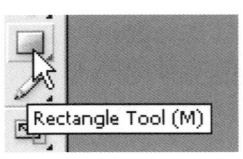 **Rectangle** (retângulo) – Essa eu não tenho certeza, mas acho que é para criar um triângulo de 5 lados.

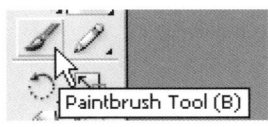 **Paintbrush** (pincel) – Acho que essa é a razão do Illustrator ser tão difícil. Tem hora que é impossível olhar para um recurso e dizer qual a função dele. Só vendo para saber o que ele é capaz... (risos).

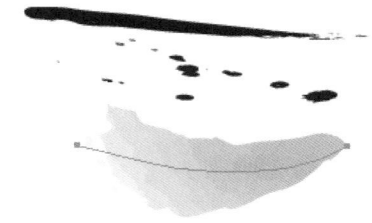

 **Pencil** (lápis) – Agora, que temos a caneta e o lápis, só falta o apontador. Com o lápis você poderá voltar ao seu tempo de escola e criar aqueles desenhos à mão livre que só você conseguia saber o que era. Quem nunca tentou desenhar um boneco com um círculo e alguns traços? E uma casa com chaminé?

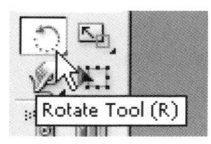

Rotate (rotação) – Rotacione um objeto de forma extremamente difícil.

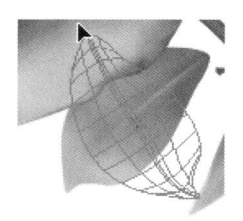

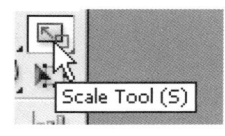

Scale (escala) – Aumenta ou diminui um objeto.

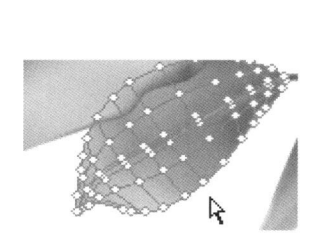

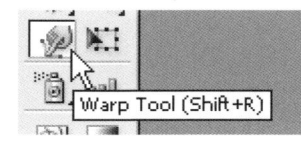

Warp (distorção) – Como o nome já diz...

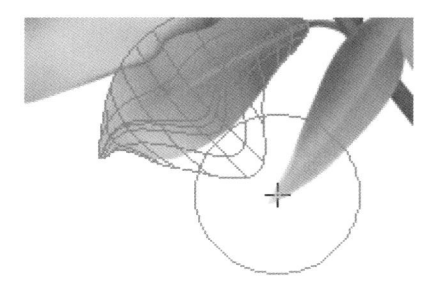

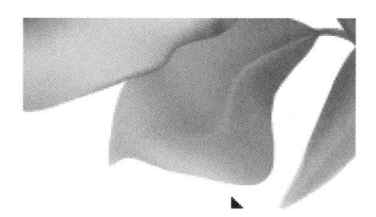

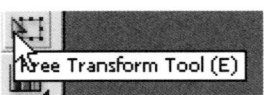

Free Transform (transformação livre) – Deixe a sua criatividade controlar tudo aplicando recursos de rotação, escala, perspectiva e outros.

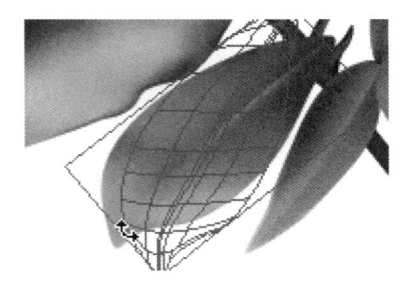

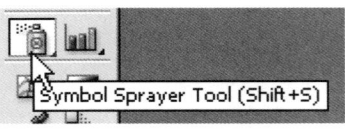

Symbol Sprayer (spray) – Cria símbolos aplicados através de um spray.

Column Graph (gráficos) – Outro que já diz tudo...

Duas linhas de conhecimento...
Cuidado para não confundir as duas ferramentas de seleção existentes no Illustrator

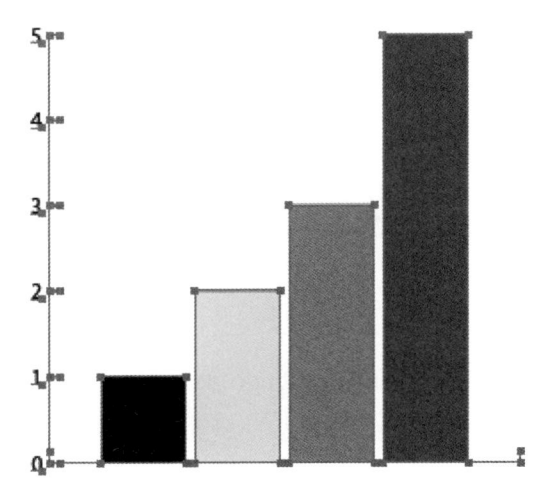

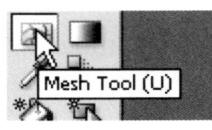

Mesh – Aqui a coisa começa a complicar um pouco mais, então vou pular para não confundir a sua cabeça. Mas não se preocupe, você apenderá a usá-la no decorrer do livro

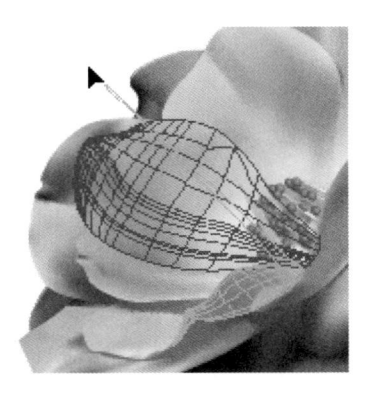

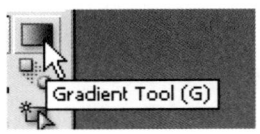

Gradient (degradê) – Se você não sabe o que é um degradê, leia o livro Photoshop CS2 Guia Prático e Visual. Cuidado que esse botão não irá inserir um degradê ao objeto, ele apenas tem a habilidade de mudar a direção do degradê.

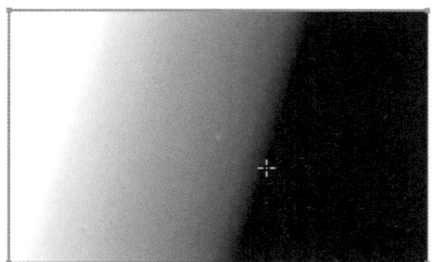

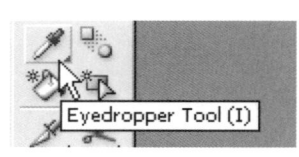

Eyedropper (conta gotas) – Precisa copiar a cor ou atributo de um objeto para outro?

Capturando a cor... ... Um novo objeto com a cor capturada...

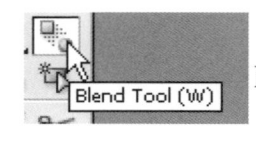

Blend (mesclar) – mistura objetos e cores.

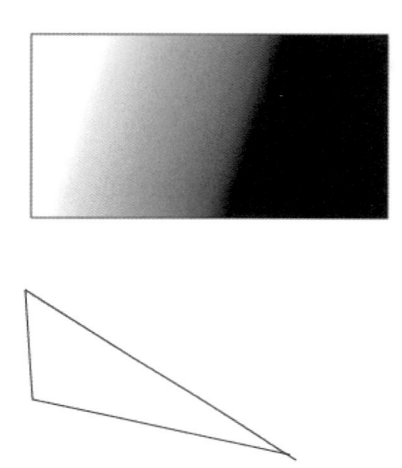

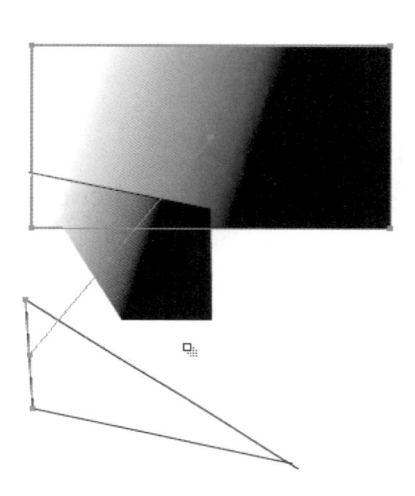

Live Paint Bucket (balde de tinta) – Preenche um objeto com a cor selecionada.

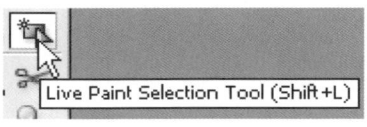

Live Paint Selection (seleção de pintura) – Permite selecionar qual objeto será pintado.

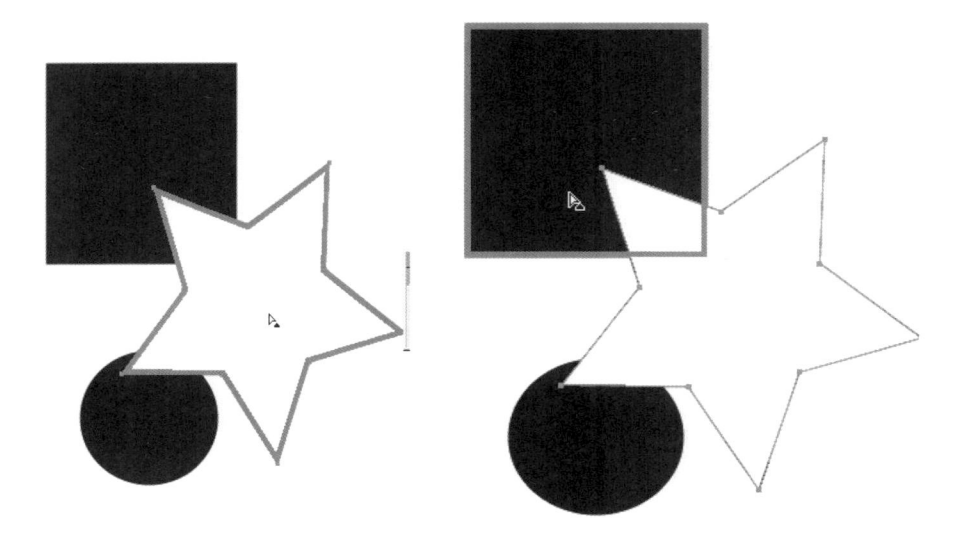

Slice (fatia) – Divide o objeto em áreas.

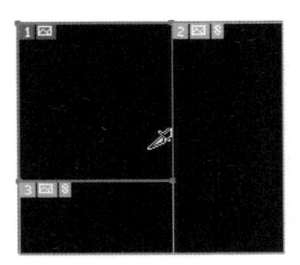

Scissors (tesoura) – corta parte de um objeto.

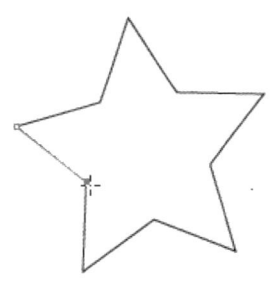

Hand (mão) – movimenta a área de trabalho.

> *Duas linhas de conhecimento...*
> *Na Internet você encontrará diversos plug-ins para o Illustrator. Vale a pena usar.*

Zoom (zoom... brincadeirinha) – amplia ou reduz o zoom.

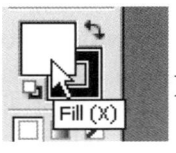

Fill (preenchimento) – determina a cor do objeto.

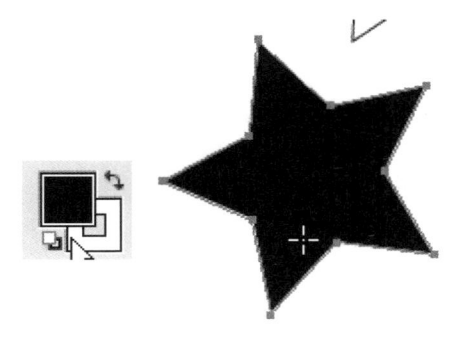

Color (cor) – aplica a última cor utilizada

Gradient – aplica o último gradiente utilizado

None – remove cor, preenchimento e gradiente.

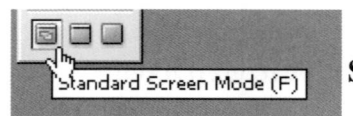

Screen Mode – alterna entre os modos de visualização.

As demais ferramentas (as que estão "escondidas" dentro das ferramentas que aparecem na caixa) eu não irei apresentar agora. Vou deixar para fazer a apresentação conforme a necessidade do projeto.

Para ser sincero, você pode até parar de ler o livro aqui pois 60% do Illustrator está na caixa de ferramentas. Os outros 40% estão divididos em recursos existentes nos menus, nas paletas e, principalmente, no poder da sua criatividade. Tem quem prefira dizer que 60% do trabalho desenvolvido no Illustrator é fruto da criatividade de cada um, ou seja, o software é um mero coadjuvante.

Eu aceito essa afirmação desde que ela fique restrita aos profissionais que usam o Illustrator 24 horas por dia. Para um iniciante ou para aquele que usa o Illustrator como complemento, prefiro acreditar que a mágica é feita pelo programa com a ajuda da criatividade de cada um. Não adianta você tampar o sol com a peneira e sair por ai falando que é um expert no Illustrator. Em algum momento você poderá ser traído pela sua confiança excessiva.

Preste bastante atenção às teclas de atalhos (as letras e símbolos que aparecem entre ( ) quando o mouse fica posicionado sobre um botão na caixa de ferramentas). Elas serão de grande valia para que você otimize o tempo de desenvolvimento de um projeto no Illustrator.

Barra de opções

Dependendo da ferramenta que você selecionar, uma nova barra de opções surgirá na parte superior da área de trabalho do Illustrator.

A barra de opções é um menu contextual – sempre que você selecionar uma ferramenta, as opções da barra mudarão para as que estão disponíveis para a ferramenta selecionada. Selecione outra ferramenta e as opções mudarão. Isso evitará confusão e lhe permitirá ver somente as opções de que precisa. **Sempre que você selecionar uma ferramenta, examine a barra de opções e veja quais estão disponíveis.**

Você pode mover a barra de opções para outro local da tela; se clicar e arrastar sobre a linha pontilhada da extrema esquerda da barra, poderá deixá-la solta como as outras paletas, ou arraste-a para perto da parte inferior e ela se ajustará a esse local da tela. No entanto, o local padrão na parte superior costuma ser o que funciona melhor para a maioria dos usuários.

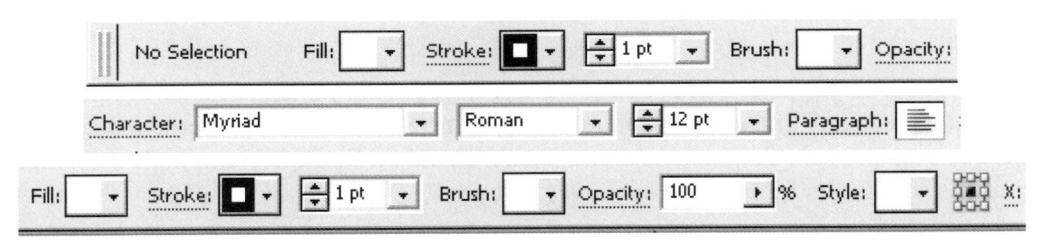

De volta à teoria

Falando assim, parece até que já estamos há horas fazendo desenhos no Illustrator. A diversão ainda nem começou. Portanto, antes de partimos para a prática, um pouco mais de teoria.

A seguir, vou comentar alguns termos técnicos e situações comuns durante o uso do Photoshop, do Illustrator e de tantos outros programas gráficos. Eu recomendo que você decore esses tópicos pois eles serão usados com frequência tanto no livro como em sua vida profissional.

Resolução se refere a quantos pixels estão presentes em uma figura. Um monitor comum de 17 polegadas exibe pixels a uma resolução de 1024x768. Para calcular quantos pixels estão presentes no monitor a uma resolução de 1024x768, você teria que multiplicar 1024 x 768, que é igual a 786.432 pixels em sua tela. Medimos a resolução por quantos pixels existem em cada polegada. Isso é conhecido como ppi (pixels por polegada). Um monitor comum de computador exibe pixels a 72ppi. A seguir apresento uma lista de resoluções recomendadas.

Multimídia – 72ppi

Páginas Web – 72ppi

CD-ROM – 72ppi

Impressora a jato de tinta – 150ppi

Impressora de fotos- 200ppi/360ppi em uma Epson

Máquina de impressão comercial – 300ppi

Quanto mais alta a resolução, maior o tamanho do arquivo.

Pixelização ocorre quando a resolução é tão baixa que as bordas dos pixels começam a aparecer. A Figura 2-18 mostra uma figura impressa em várias resoluções. É possível ver que a figura de menor resolução (72ppi) é menos nítida do que a de maior resolução (300ppi).

Ao *preparar as figuras*, é uma boa idéia criá-las com um tamanho maior do que você acha que precisará; quando aumentar uma figura no Photoshop, você perderá qualidade porque a quantidade de pixels não aumentará quando a figura for ampliada – e pixels grandes significam figuras menos suaves.

A *paleta* é uma caixa móvel que contém várias opções para uma ferramenta ou tarefa específica.

redefinição de resolução é quando aumentamos ou reduzimos o tamanho de uma figura,

interpolação de imagem é quando os pixels são alterados.

As figuras podem ser de dois tipos: *de bitmap* ou *vetoriais*, porém:

☐ Um vetor pode ser redimensionado sem qualquer perda de qualidade.

☐ O vetor apresenta uma aresta muita nítida.

☐ O tamanho do arquivo dos vetores é muito pequeno.

☐ A maioria dos filtros e transformações do Photoshop não funcionará com figuras vetoriais.

Uma *imagem colorida* possui duas partes: os tons de cinza que dão a ela sua definição e detalhes, e as informações que fazem a imagem aparecer em cores.

O termo *tom* está relacionado às informações de tons de cinza de uma imagem.

O processo de pré-impressão - Quando um documento é impresso em uma máquina de impressão comercial (gráfica), o arquivo precisa passar por algumas fases. O primeiro estágio é chamado de "extração", em que o filme ou os negativos são criados a partir de seu arquivo. Esses negativos não são tão diferentes do que obtemos em uma câmera comum, exceto pelos negativos impressos serem muito maiores e por cada negativo fornecer apenas uma cor. Quatro "*chapas de filme*" individuais são criadas, uma para cada cor de ciano, magenta, amarelo e preto.

As tendências atuais de impressão estão migrando para o método DTP, *direct-to-plate* (direto na chapa) ou CTP, *computet-to-plate*. No DTP, o processo do filme é eliminado e os arquivos eletrônicos são enviados diretamente para as chapas.

Pantone é um tipo de tinta especial usada nos Estados Unidos. Essas tintas fazem parte de um sistema de correspondência que o ajudará a selecionar cores precisas.

Tipos de arquivo comuns

Sempre que você abrir ou salvar um arquivo, estará lidando com algum tipo de formato de arquivo. Quando estiver salvando um arquivo, terá que selecionar o melhor formato de arquivo para sua figura. Essa lista o ajudará a decidir o que selecionar.

TIFF (Tagged Image Format) - Esse é o formato de arquivo mais comum para imprimir e salvar uma figura achatada sem nenhuma perda de qualidade. Agora os arquivos TIFF do Photoshop podem conter camadas e canais.

EPS (Encapsulated Postcript) - Essa é a linguagem projetada pela Adobe para impressão. Use esse formato de arquivo se quiser incluir um demarcador de corte de camada em sua figura ou estiver imprimindo em uma impressora PostScript.

PSD (Photoshop Document) - Esse é o formato de trabalho original do Photoshop. Use-o em todos os seus arquivos de trabalho; ele salvará todas as camadas, canais, observações e perfis de cores. Você também pode usar esse formato para imprimir através do Adobe InDesign. (Certifique-se de converter para o modo CMYK na impressão comercial).

PSB (Photoshop Large Format) - Empregue esse formato para salvar uma figura com até 300.000 pixels. Essa opção deve ser usada para imagens com mais de 2 GB.

GIF (Graphical Interchange Format) - Esse formato foi inventado pela CompuServe para salvar figuras na Web; ele está limitado a 256 cores. Esse é o melhor formato para figuras que tenham padrões repetidos ou sejam como cartoons. Ele também dá suporte à transparência e animação. Os GIFs compactam figuras eliminando cores e repetindo padrões simples – isso é conhecido como formato *com perdas*.

JPG (Joint Photographic Experts Group) - Esse é o formato mais popular para figuras na Web. Ele reduz a qualidade da figura (geralmente não detectável pelo olho humano). Essa compactação com perda pode reduzir enormemente o tamanho do arquivo de uma figura.

PNG (Portable Network Graphics) - Formato sem perdas para a Web que dá suporte a até 16 milhões de cores e 256 níveis de transparência. Foi projetado para ser o formato de arquivo que "faria milagres", mas não foi adotado ainda porque os tamanhos dos arquivos são maiores do que os do JPG ou GIF e navegadores mais antigos não dão suporte a ele.

Já iniciei o Illustrator e agora, fico olhando?

Sendo o Illustrator um programa de desenho, acredite, você precisa ter o mínimo de coordenação motora para poder usar o programa.. Caso a sua habilidade manual seja insatisfatória, não fique triste, pois existe no mercado alguns hardwares que dão uma bela ajuda.

Em nossos exemplos iremos trabalhar com desenhos já criados. Trabalharemos com uma coletânea de imagens disponíveis na pasta Sample do meu computador.

> *Você não precisa ter os desenhos gravados em seu HD, porém, acessá-los a partir de um CD-ROM ou outro dispositivo tornará o processo um tanto quanto demorado.*

Eu prefiro assim. E você?

Como muitas coisas na vida em que você tem que escolher entre o certo e o errado, entre o bem e o mal, entre A e B, entre o bom e o ruim... no Illustrator também temos que escolher como queremos que ele trabalhe para nós. Refiro-me às preferências (Preference) do programa, onde podemos personalizar desde a aparência do programa até a forma como ele irá trabalhar (contra ou a nosso favor).

Na prática, é na caixa de diálogo Preference que você irá determinar, por exemplo, a unidade de medida que será utilizada no Illustrator.

Em vez de discutir cada preferência, enfocarei aquelas que você deve conhecer. Farei sugestões para a alteração de certas configurações.

Para abrir a caixa de diálogo Preferences, selecione Edit | Preferences. Você verá uma lista de nove categorias, começando com General (Geral). Selecione qualquer uma das categorias e, em seguida, percorra todas elas pressionando os botões Prev (Anterior) e Next (Próximo).

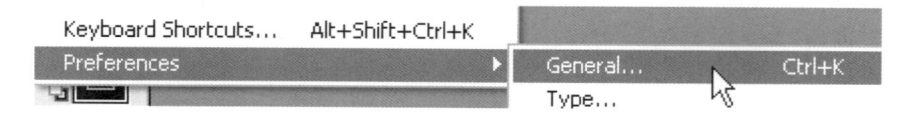

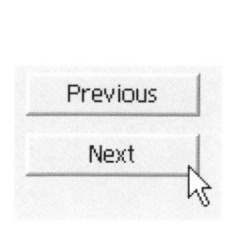

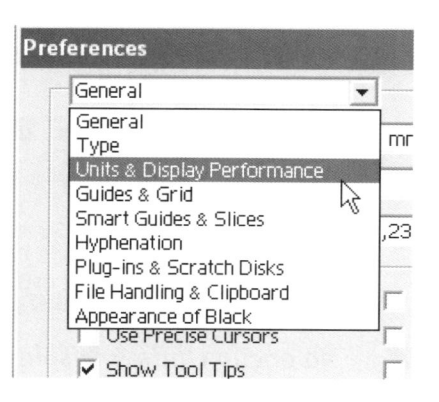

Na opção General, você verá diversas opções a serem configuradas. No momento, vamos focar a nossa atenção em apenas 2 dessas opções.

❐ A opção Keyboard Increment, que nos permite determinar o tamanho do incremento aos objetos através do teclado. Mais adiante você verá a funcionalidade desse recurso.

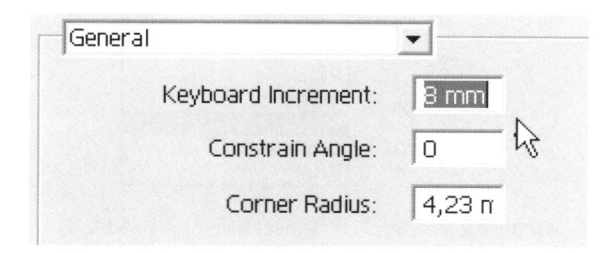

❏ As opções de configuração da interface do Photoshop, onde podemos por exemplo definir se desejamos visualizar as dicas das ferramentas (Show Tool Tips) ou não.

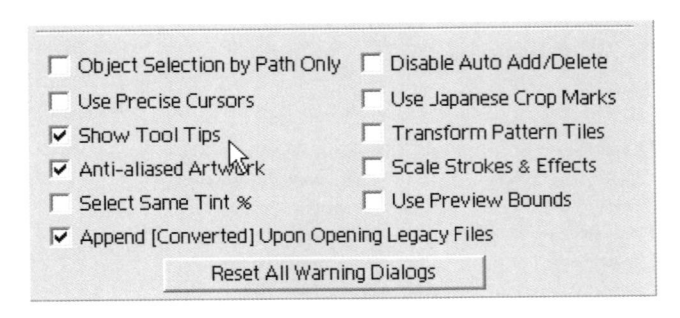

Se você clicar na seta ao lado da caixa General no topo da caixa de diálogo, abrirá um menu que lhe permitirá configurar diversas outras opções como cursores, régua, plug-ins e muito mais...

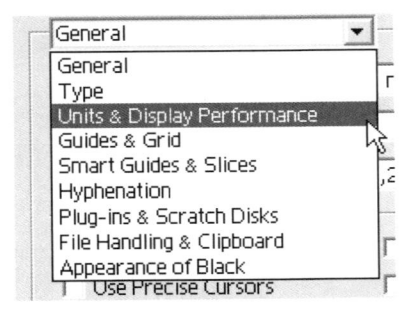

Na opção Units & Display Performance você deve definir o tipo de unidade de medida que o Illustrator irá utilizar. Se você deseja criar imagens para a Web eu sugiro trabalhar com Pixels. Se você deseja trabalhar com imagens para impressão em papel, sugiro trabalhar com centímetros.

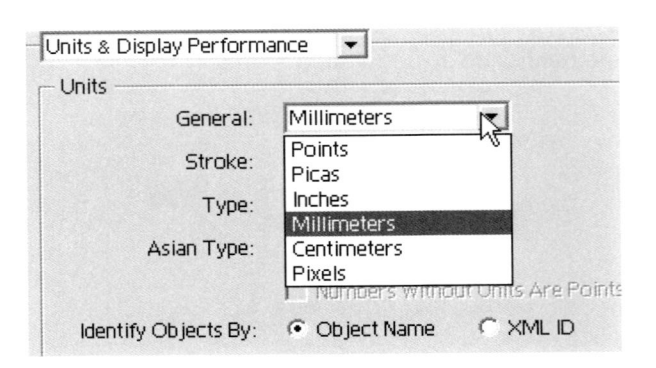

Na Opção Hyphenation (hifenização) mude o idioma para o Português. Desta forma, quando você estiver escrevendo um texto no Illustrator, o próprio programa irá hifenizar os parágrafos.

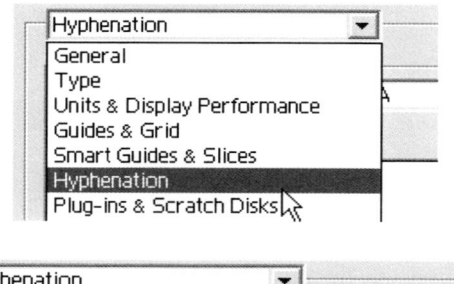

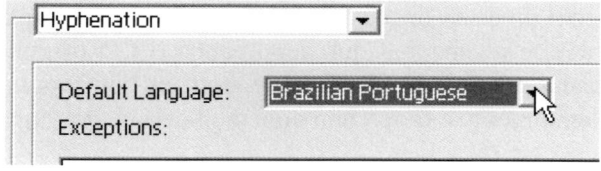

Na opção Plug-ins..., configure o Illustrator da forma que você achar mais adequado de acordo com a seguinte explicação:

Plug-ins - Especifica um local para filtros adicionais de plug-ins. Selecione essa opção se estiver usando filtros de uma versão anterior do Illustrator. Você pode inserir o número de série no campo Legacy (Versão) para ajudar a resolver problemas na verificação desse número.

Scratch Disk (Disco de trabalho) - Um disco de trabalho é sua unidade de disco rígido. Quando o Illustrator fica sem RAM física, ele copia informações para a unidade de disco rígido e processa as figuras na unidade. Você pode usar até quatro unidades. Se puder ter uma unidade de disco rígido separada ou particionar uma parte grande de sua unidade de disco principal para ser usada como um disco de trabalho, isso ajudará a acelerar o Illustrator. Geralmente, o Illustrator precisa de dez vezes o tamanho da figura para processar várias tarefas.

Sim, o Illustrator tem diversas opções de configurações através da caixa Preference. No help do programa e no manual que acompanha o CD original você encontrará informações detalhadas sobre a caixa Preference. Aqui, eu optei por falar apenas algumas que são de fácil entendimento e propiciam uma melhoria no desempenho do programa.

O primeiro desenho é o que fica...

Pode comemorar. Vamos começar a usar o Illustrator. Em nosso primeiro exemplo, vamos criar um novo documento.

Clique em File > New.

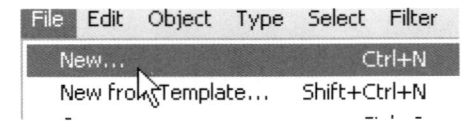

A caixa de diálogo New aparecerá.

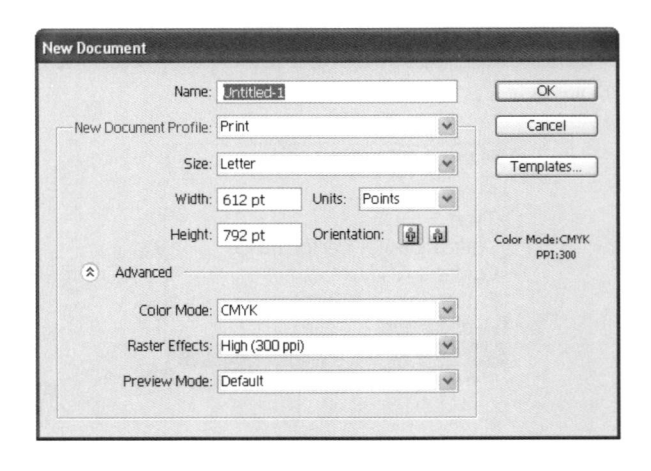

Na caixa Name, insira o nome do desenho que você irá criar.

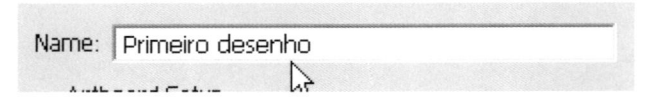

Se você souber a medida exata que o seu desenho precisa ter, insira os valores nas caixas Width e height (largura e altura). Insira também a orientação do papel e determine a unidade de medida que deseja usar. Em seguida clique em OK.

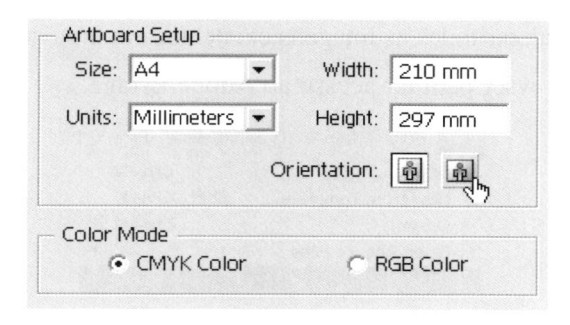

Observe que a unidade de medida que é exibida no campo Units é a que foi determinada na caixa Preference. Nada impede que a Preference contenha uma unidade de medida e você trabalhe o seu projeto em outra unidade de medida.

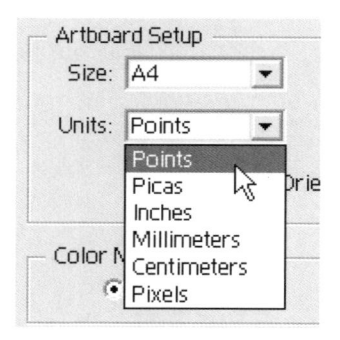

Pronto, agora o Illustrator irá exibir uma janela vazia pronta para dar asas a sua criatividade.

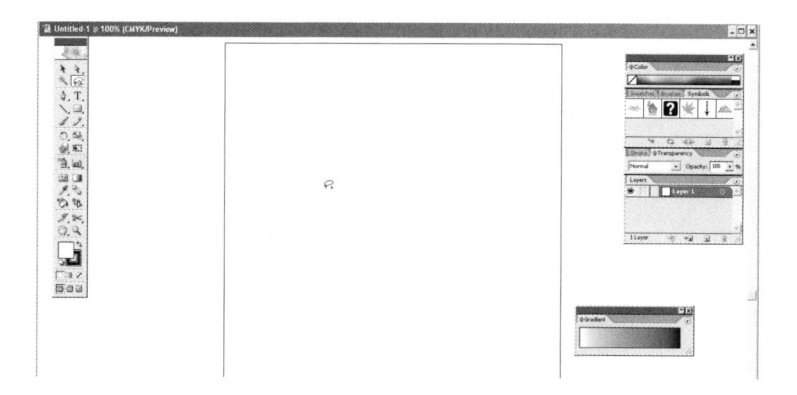

Localizando desenhos existentes

Caso você tenha uma grande quantidade de arquivos de imagens e desenhos, porém não sabe exatamente o conteúdo de cada arquivo, você pode recorrer ao novo **Adobe Bridge** que lhe permite visualizar todas as imagens existentes em uma determinada pasta.

Clique em File > Browser para ter acesso ao Adobe Bridge.

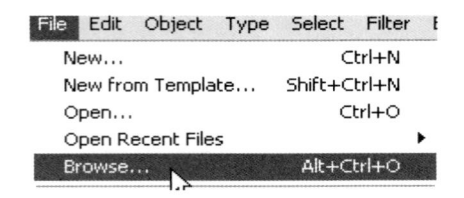

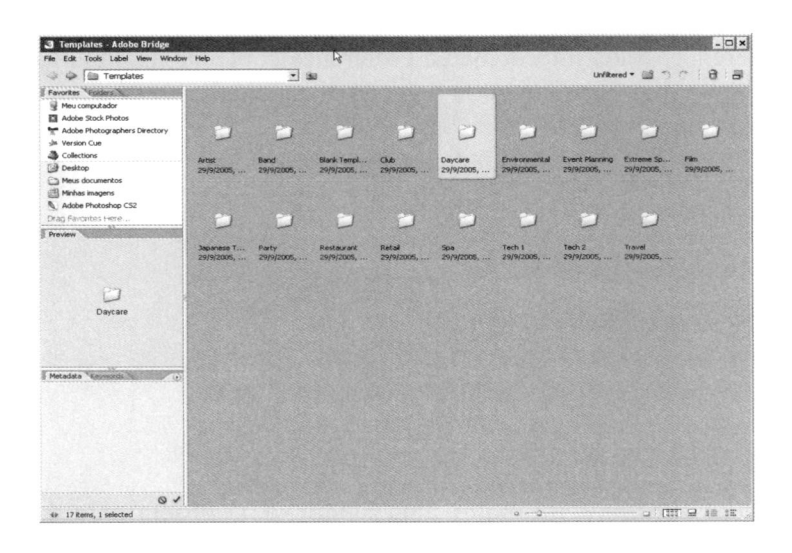

Localize no painel do lado esquerdo da tela a pasta onde as imagens estão armazenadas. Por padrão, o Bridge do Illustrator abrirá na pasta Template.

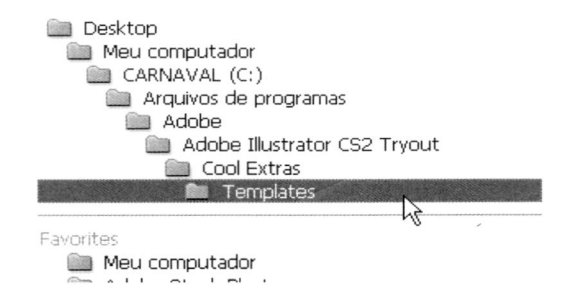

Após selecionar a pasta, todo o seu conteúdo será visualizado no painel do lado direito da caixa de diálogo. Você verá as imagens em forma de miniatura bem como as informações sobre a imagem (formato, tamanho, data da criação e etc...). O Bridge, além de mostrar a imagem, mostra também todo o conteúdo da pasta.

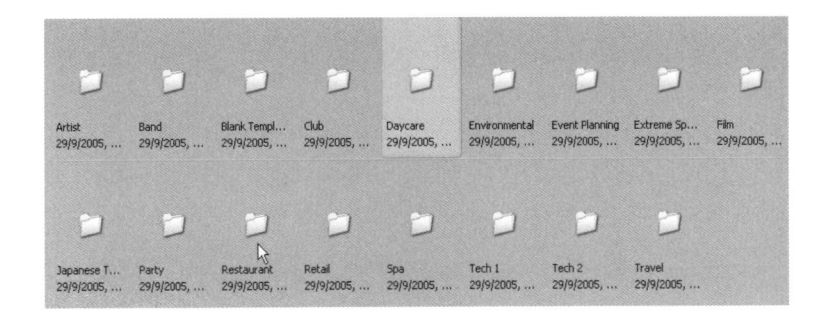

Ao selecionar uma imagem, a mesma é exibida na paleta Preview, no lado esquerdo. Logo abaixo da paleta Preview, é exibida a paleta Metadata com informações sobre a imagem selecionada.

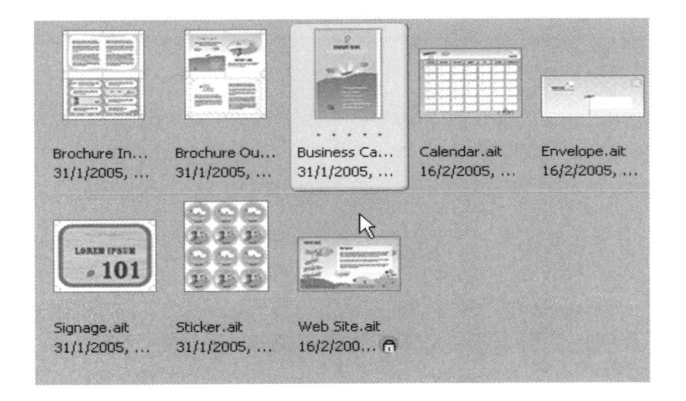

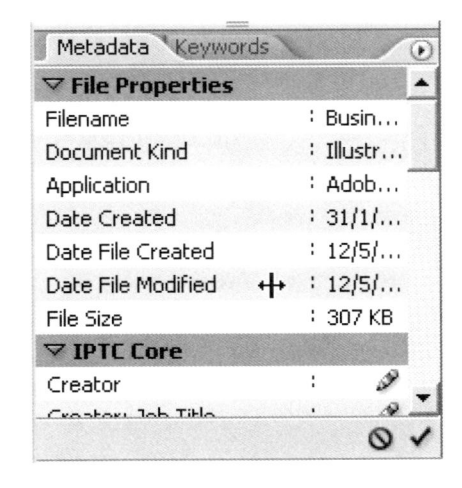

Para abrir o desenho, dê um duplo clique sobre ele.

Essa é uma das formas que você dispõe para abrir um desenho no Illustrator. A segunda opção seria abrir usando o comando File > Open (Abrir), localizando o arquivo dentro da devida pasta.

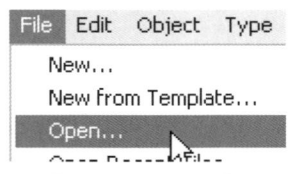

Nem todos os tipos de arquivos abrem no Illustrator, mas para a nossa sorte, são formatos muito específicos e de pouco uso atualmente. A opção Open Recent (Abrir Recentes) é muito útil para quem precisa trabalhar com o mesmo arquivo por diversas vezes. Esta opção grava as informações (caminho) dos últimos arquivos utilizados no Illustrator.

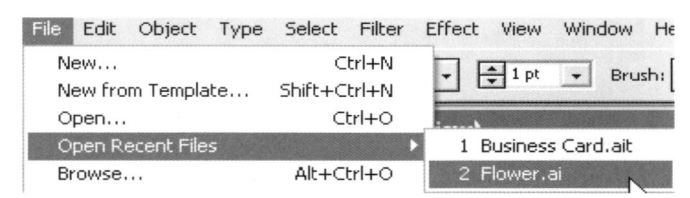

Você já deve ter percebido que eu gosto de chamar os projetos no Illustrator de desenhos. Não pense que o Illustrator só serve para fazer desenhos, eu apenas uso esse termo por acreditar que ficará menos confuso que outros existentes.

Salve, salve simpatia!Salve, salve simpatia!

Após trabalhar o arquivo aberto, você precisa salvar as alterações que foram efetuadas. Da mesma forma que você costuma fazer nos demais programas (por exemplo o Word) você irá fazer no Illustrator. Clique em File > Save As (Salvar Como), se a imagem ainda não tiver um nome ou você desejar manter a imagem original.

Clique em File > Save (Salvar), se a imagem já tiver um nome e você deseja substituir o arquivo existente pela nova versão da imagem.

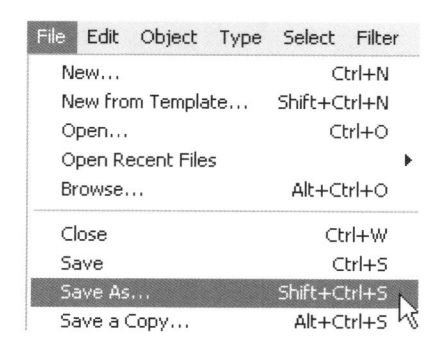

Na caixa Save As, indique a pasta onde deseja salvar o arquivo e o seu respectivo nome. As demais opções desta caixa não iremos alterar por enquanto.

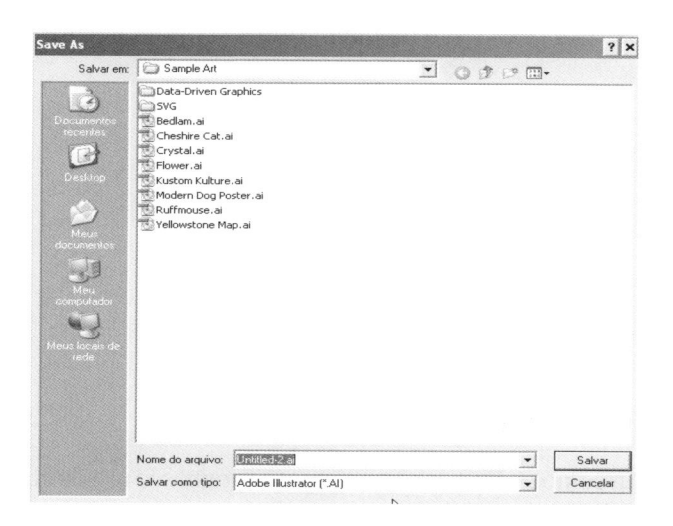

Por padrão, o Illustrator salvará a sua imagem no formato AI, pois esse formato é nativo do programa.

Pague para entrar... reze para sair!

Abrir o Illustrator, criar um desenho, abrir uma imagem e salvar um desenho... tudo isso é muito fácil. Mas agora vem a parte mais fácil ainda: fechar o Illustrator.

Para sair do Illustrator, clique em File > Exit / Quit (Sair).

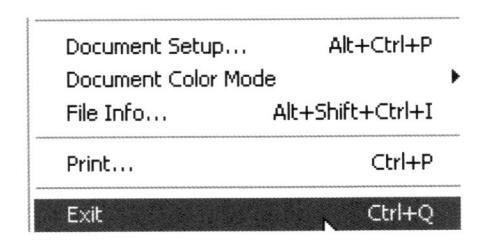

Caso você clique em Exit sem antes ter salvo o seu arquivo, o Illustrator emitirá um alerta perguntando se você realmente deseja encerrar o programa sem salvar a imagem.

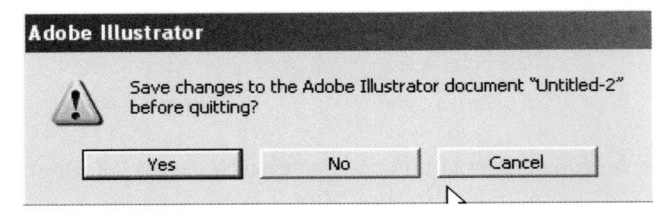

Você pode fechar um desenho sem necessariamente fechar o Illustrator. Use o comando Close (Fechar) existente no menu File. O comando Close fecha apenas a imagem ativa.

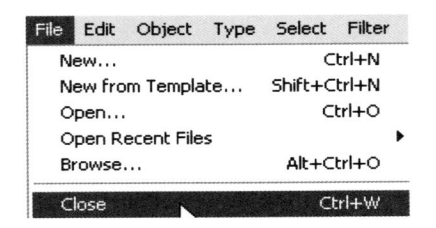

Ferramentas comuns

No Illustrator, assim como no Photoshop e outros programas, o uso de algumas ferramentas será comum para todo tipo de serviço. Por exemplo, em todos os desenhos será necessário dar um Zoom em um determinado elemento ou ter que medir um determinado elemento da imagem. A seguir, mostrarei como fazer isso no Illustrator.

Zoom

Para dar zoom (ampliar) em um desenho ou parte de um desenho, clique sobre a ferramenta Zoom na caixa de ferramentas, em seguida o cursor do mouse se transformará em uma lupa com o sinal de + indicando que você pode ampliar a imagem.

Se você pressionar a tecla ALT, o cursor do mouse mudará para uma lupa com o sinal de - indicando que você poderá diminuir o zoom.

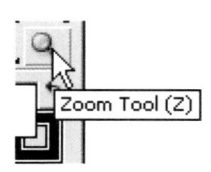

Se você pressionar a tecla Ctrl, o cursor do mouse mudará para a ferramenta de seleção e permitirá mover os objetos.

As imagens abaixo mostram uma figura antes e depois de aplicado o zoom.

Repare que na parte superior da imagem é especificado o percentual de visualização da imagem.

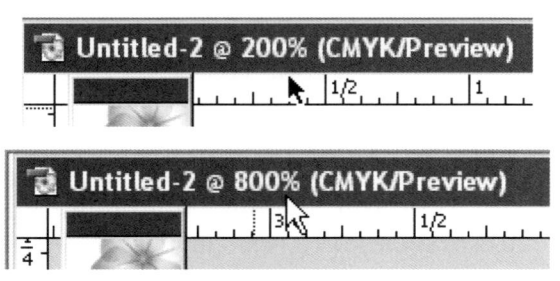

Se você desejar ampliar a visualização de uma área específica do desenho, clique segure e arreste o mouse pela área que deseja, como na figura abaixo.

Se você ampliar uma imagem e depois desejar voltar ao tamanho original (100%), clique duas vezes sobre o ícone da ferramenta zoom na caixa de ferramentas.

Outras opções de Zoom estão disponíveis no menu View.

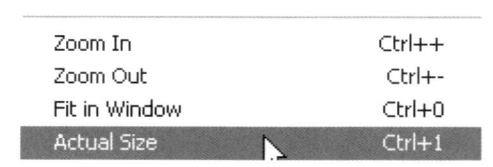

Zoom In	Ctrl++
Zoom Out	Ctrl+-
Fit in Window	Ctrl+0
Actual Size	Ctrl+1

Quando você estiver retocando um desenho, será uma boa prática aproximar ao máximo para que possa trabalhar com precisão. A única desvantagem é que você pode gastar muito tempo diminuindo o zoom novamente para ver como seu retoque está afetando o resto do desenho. Há uma solução para *esse dilema. O Illustrator permite que você abra várias janelas com o mesmo desenho e as configure com ampliações diferentes. Já que todas as janelas exibirão o mesmo desenho, você verá uma visualização em tempo real enquanto trabalha. É comum, por exemplo, abrir uma cópia a 100 por cento e usá-la como uma referência, enquanto se trabalha em uma cópia com ampliação máxima de 1600 por cento.*

uma mão lava a outra

Em alguns casos, além de ampliar ou reduzir a visualização do desenho, é necessário também movê-lo dentro da janela. Para isso, utilize a ferramenta Hand. Clique na ferramenta Hand na caixa de ferramentas. O cursor mudará para o formato de uma mão.

Clique, segure e arraste o mouse para que o desenho seja movimentado na direção desejada.

Na minha opinião usar a ferramenta Hand para movimentar uma imagem é bem mais prático do que ficar utilizando as barras de rolagem.

Mais espaço na minha mesa, por favor!

Se precisar de mais espaço na tela para trabalhar com o seu desenho, você pode alterar o modo de tela do Illustrator (Screen Mode). Localize os botões de screen mode na caixa de ferramenta.

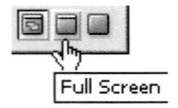

O primeiro botão é a opção padrão do Illustrator. O segundo é o modo de tela cheia com a barra de menu e o terceiro é o modo de tela cheia sem a barra de menu. As figuras a seguir mostram como ficará a sua tela em duas das opções.

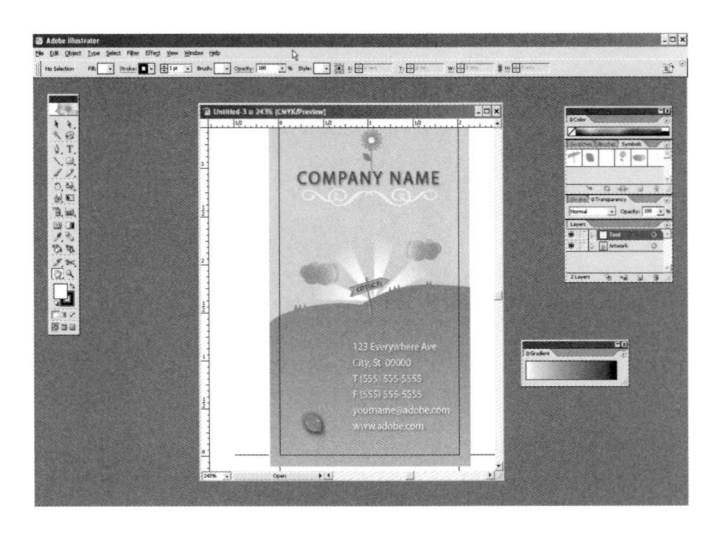

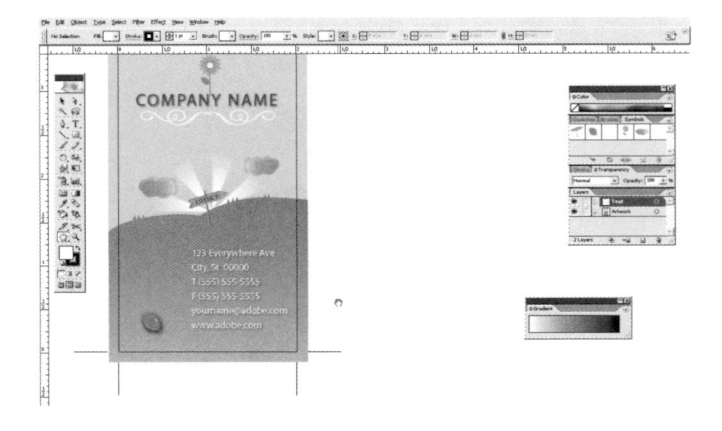

No modo padrão, se você pressionar a tecla **F** irá alternar entre os outros modos de tela. Quando você estiver no modo de tela cheia poderá esconder a caixa de ferramenta e as paletas apertando a tecla TAB.

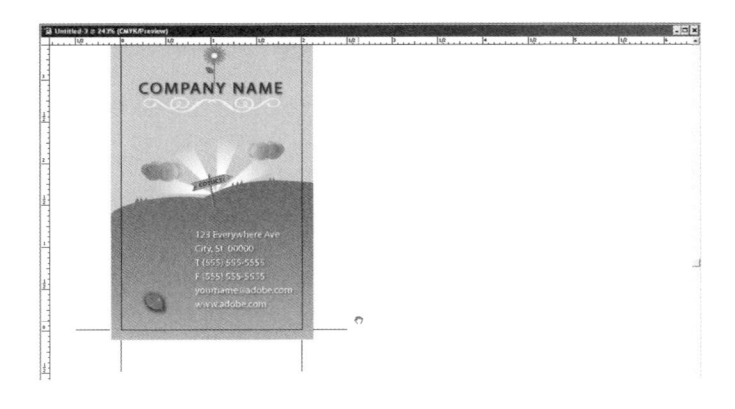

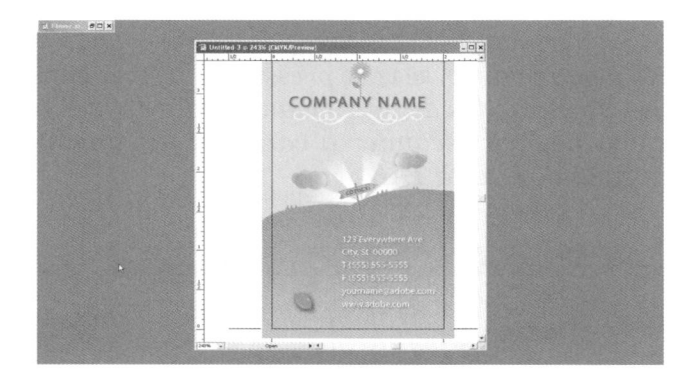

Réguas e guias

Se o seu desenho precisa ser milimetricamente correto, não há nada melhor do que usar as ferramentas de zoom e também as réguas do Illustrator.

Para ter acesso às réguas, clique em View > Show Rules (Réguas).

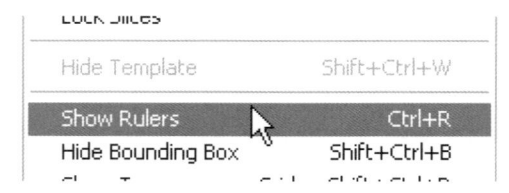

As réguas aparecerão na parte superior e na parte esquerda do desenho, como mostra a figura.

Se for necessário, você pode inserir uma linha guia a partir da régua para facilitar o seu trabalho. Clique sobre a régua, segure e arraste o mouse até a posição que deseja inserir a guia.

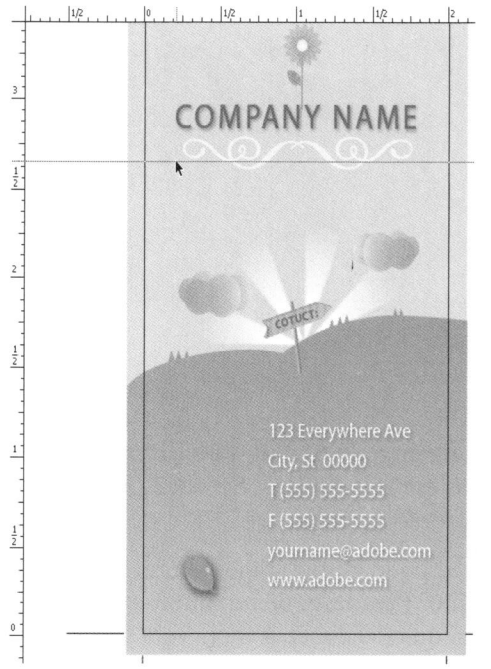

Surgirá uma fina linha sobre o desenho. Essa linha guia será útil para alinhar elementos diversos em um mesmo desenho.

Grades

Para facilitar o alinhamento de objetos, você pode inserir grades na imagem usando o comando View > Show Grid (Grade).

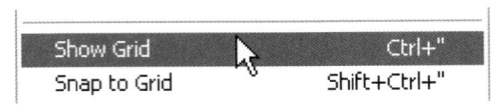

Show Grid	Ctrl+"
Snap to Grid	Shift+Ctrl+"

Aparecerá na imagem uma série de linhas horizontais e verticais que lhe orientarão na hora de posicionar os objetos sobre o desenho. Abaixo, mostro uma imagem sem grades e com grades.

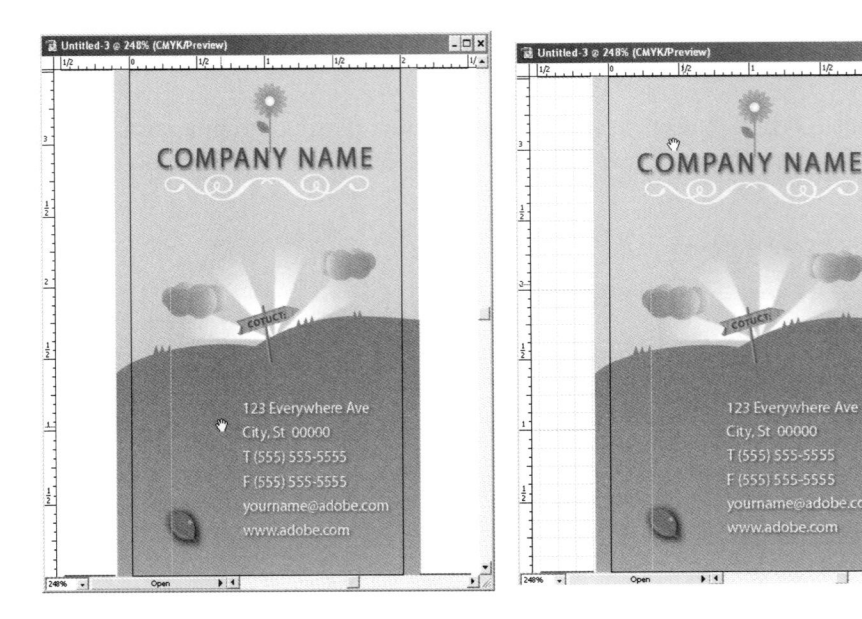

Dicas adicionais

- ❏ Se você pressionar a tecla Tab na área de trabalho do Illustrator, a caixa de ferramenta e as paletas serão omitidas. Se você pressionar Shift + Tab somente as paletas serão omitidas.
- ❏ Para ganhar espaço na tela, você pode exibir somente o nome das paletas e não todo o seu conteúdo. Para isso, dê um duplo clique sobre a barra de título da paleta que deseja encolher. Veja as figuras.

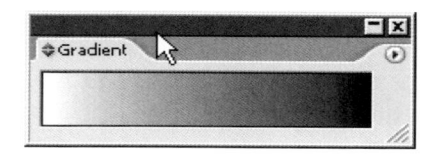

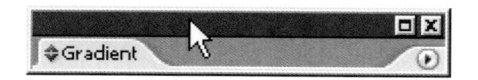

- Como você está começando o uso do Illustrator, é natural que com o tempo o programa perca as suas definições padrões (devido a alterações que você possa ter realizado). Para fazer o Illustrator voltar às suas raízes, pressione e mantenha pressionado as teclas CTRL + ALT + Shift enquanto o Illustrator é carregado. Esse recurso evitará que você tenha que desinstalar e reinstalar o Illustrator.

De volta à teoria, a saga continua

Modos de Cores

No início do livro eu falei sobre a necessidade de você conhecer um pouco sobre técnicas de design, gerenciamento de cores e alguns outros tópicos relacionados à edição de imagens. Ou seja, você inevitavelmente terá que aprender a usar o Photoshop para complementar os seus trabalhos no Illustrator. Viu como o conceito de *pacote* começa a se encaixar?

Quando você estiver usando o Photoshop, necessariamente, você terá que escolher qual o modo de cor que melhor se adapta à imagem que está sendo editada. Tenha em mente que esse procedimento é de vital importância, pois o uso de um modo de cor adequado está diretamente relacionado à perfeição do trabalho.

Contudo, nem sempre acertamos de primeira na hora de escolhermos o modo de cor a ser utilizado e, felizmente, o Photoshop nos permite alternar entre um modo e outro de uma forma bem rápida, porém, lembre-se que a mudança de modo afeta as características da imagem. Os principais modos de cores (canais) são:

- CMYK - que representa o Cyan (azul), Magenta (vermelho), Yellow (amarelo) e Black (preto). Sim, o K representa o black. Em geral, o CMYK é utilizado em trabalhos profissionais devido a sua vasta gama de possibilidade de criação de cores. Um bom exemplo do uso do CMYK é a impressão de uma revista colorida (4 cores) onde é necessário a impressão de cada cor separadamente.

Por padrão, as visualizações aparecerão em preto e branco porque é mais fácil ver o conteúdo do canal nessas cores. No Photoshop você poderá alterar as visualizações do canal para que apareçam em cores selecionando as opções Edit | Preferences | Display & Cursors | Check Color Channels In Color (Exibir Canais em Cores)

Na impressão em CMYK, as cores são impressas como pequenos pontos em diferentes ângulos e formas, que são organizados em conjunto de tal maneira a fazer com que os olhos vejam cores que na verdade não estão presentes. Se você pegar uma lupa (um dispositivo de ampliação, semelhante a uma lente de aumento) e olhar uma figura *impressa em processos* (outro nome para uma impressão em quatro cores), poderá ver esses pequenos pontos. Mesmo sem usar uma lupa, às vezes é possível ver os pontos em uma figura com tela de poucas linhas, como as fotos de um jornal. (Uma *tela em linhas* informa quantas linhas de pontos por polegada estão presentes).

Na criação de documentos CMYK, é melhor trabalhar em RGB primeiro e converter para CMYK no final pelas seguintes razões: o canal CMYK não dá suporte a todos os filtros do Photoshop; o canal RGB possui mais cores disponíveis; e já que o CMYK tem um canal adicional, o tamanho do arquivo também será quase um terço maior, o que pode diminuir o desempenho do sistema.

- RGB - que representa o Red (vermelho), Green (verde) e o Blue (azul). O modo RGB é muito utilizado para visualização na tela e também em imagens para a Internet. A mistura de cores neste modo é capaz de criar até 16 milhões de novas cores.

- Cores indexadas - similar ao RGB, porém só contém 256 cores.

- Tons de cinza - também conhecido como grayscale, que representa o modo de cor formado pela combinação do preto e do branco gerando até 256 tons diferentes.

- Bitmap - Essa é a mais fácil. Com certeza você já ouviu falar no arquivo .BMP do Windows, não é?

Nem todos os modos são compatíveis entre si. Em alguns casos não é possível mudar de um modo de cor para outro diretamente. Por exemplo: se você deseja mudar uma imagem em RBG para bitmap você terá primeiro que mudar a imagem para grayscale e depois para bitmap. Existem ainda outros modos disponíveis no Photoshop como o Lab Color, HSB e o Multichannel. No help do programa você encontra mais informações sobre esses modos.

Uma imagem colorida possui duas partes: os tons de cinza que dão a ela sua definição e detalhes, e as informações que fazem a imagem aparecer em cores. O termo *tom* está relacionado às informações de tons de cinza de uma imagem. Pode ser mais fácil considerar o tom da imagem como uma foto em preto e branco. Geralmente, se uma foto fica muita escura ou clara, o problema está na área dos tons da imagem. E não importa o quanto corrigirmos a cor, o problema não poderá ser resolvido. No Photoshop, você poderá corrigir problemas nos tons sem muita dificuldade usando as ferramentas de correção de tons.

Agora, você deve estar querendo entender por qual razão eu gastei 200 páginas do livro para falar um pouco sobre os modos de cores no Photoshop. A resposta é bem simples. Como você terá que importar imagens do Photoshop para serem usadas em um desenho no Illustrator, é preciso que você saiba como proceder em relação aos modos de cores. No início, provavelmente, você irá importar para o Illustrator uma imagem produzida por outra pessoa e, nesse caso, eu recomendo que você primeiramente abra a imagem no Photoshop e analise todas as suas configurações para então importá-la no Illustrator.

2

qual é o seu projeto de vida?

Na escola a sua professora manda você fazer um projeto X, na faculdade você tem que fazer um projeto Y, no trabalho tem que fazer (todo dia) um novo projeto... Ainda bem que você já está acostumado com projetos diversos.

No Illustrator, para começar a "brincar" você também precisará definir os parâmetros do seu projeto, ou seja, terá que informar ao programa qual o caminho que ele deverá seguir para melhor atender as suas expectativas durante a execução (melhor dizendo, a criação) do projeto.

Neste Capítulo...

Iniciar um projeto	Menus	Caixa de Ferramentas
Paletas	Preferências	Adobe Bridge
Zoom	Hand	Réguas
Guias	Grades	

Não é nada tão obscuro, mas um bom começo garantirá uma maior agilidade durante o trabalho e, se durante a execução, você sentir a necessidade de mudar algo nas configurações verá que também não é nenhum bicho de sete cabeças.

O primeiro procedimento a ser realizado é determinar a área de trabalho que o projeto, de agora em diante chamado de desenho, necessita.

Inicialize o Illustrator e, logo em seguida, desative a caixa Welcome clicando sobre a opção Show this.... Com o tempo você verá que a caixa Welcome será inútil, por isso recomendo que você a desative logo de início. Se um dia quiser acessar a caixa novamente, clique em Help > Welcome Screen...

De volta à definição do projeto, clique em File > New (Arquivo > Novo) para criar um novo documento. A caixa New Document (novo documento) será exibida. Em muitos livros sobre Illustrator você será orientado a deixar as configurações padrões exibidas, mas como o nosso foco é colocar a mão na massa, vamos alterar alguns dos parâmetros disponíveis na caixa.

A primeira coisa a fazer é determinar o nome do desenho usando a caixa Name (nome).

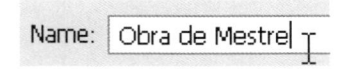

Em seguida, determine o tamanho da área de trabalho que o Illustrator disponibilizará para o desenho. Em Size (tamanho) informe o tamanho do papel.

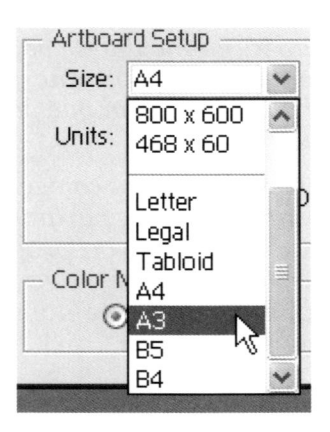

Eu opteio por deixar o tamanho A4. Observe que se você optar por outro tamanho as medidas de Width e Height (largura e altura) também serão modificadas.

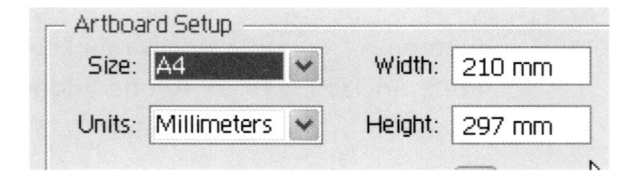

```
┌─ Artboard Setup ─────────────────────┐
│  Size: [A3        v]  Width:  [297 mm] │
│  Units: [Millimeters v] Height: [420 mm] │
└──────────────────────────────────────┘

┌─ Artboard Setup ─────────────────────┐
│  Size: [Letter    v]  Width:  [215,9 mm]│
│  Units: [Millimeters v] Height: [279,4 mm]│
└──────────────────────────────────────┘
```

Nos três casos acima, eu demonstrei o uso de valores já configurados no Illustrator. Caso o seu desenho necessite de uma área específica, clique sobre a opção Custom (personalizar) disponível na caixa Size.

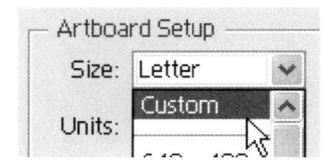

```
┌─ Artboard Setup ──────────┐
│  Size: [Letter      v]    │
│         [Custom      ^]   │
│  Units:                   │
└───────────────────────────┘
```

Em seguida, clique em Units (unidades) e escolha a unidade de medida que mais se adapta ao seu desenho. No caso, optei por centímetros.

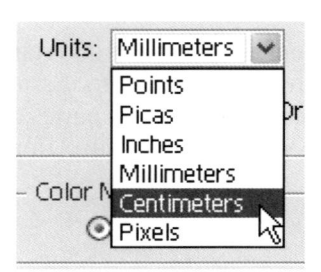

```
Units: [Millimeters v]
       Points
       Picas
       Inches
       Millimeters
       Centimeters
       Pixels
```

Em Width e Height eu inseri o valor de 15cm para cada campo.

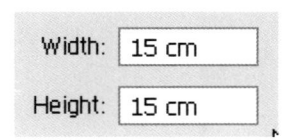

```
Width:  [15 cm]
Height: [15 cm]
```

Com isso, terei uma área de trabalho de 15x15cm. Logo abaixo de Width e Height, tem a opção Orientation (orientação) que permite determinar se a área estará no modo retrato ou paisagem. Como o tamanho escolhido para o desenho foi de 15x15cm, não fará nenhuma diferença mudar o tipo de orientação.

```
Orientation: [□] [□]
```

Em Color Mode, escolha o modo de cor mais adequado ao desenho. Caso tenha dúvidas sobre modos de cores, recomendo a leitura do livro Photoshop Guia Prático e Visual e também a leitura de livros específicos sobre cores.

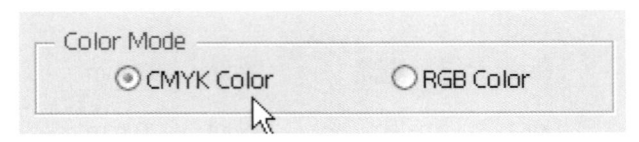

Para facilitar a sua escolha entre CMYK e RGB pense da seguinte forma: *se o desenho for impresso em 4 cores ou mais, selecione a opção CMYK. Se o desenho for para uso na Web ou para visualização na tela, escolha RGB.* Cuidado, esse é um artifício básico para não confudir a sua cabeça agora, mas não deixe de ler bons livros sobre cores para um melhor embasamento técnico.

Depois de configurar as opções da caixa New Document, clique em Ok. A área de trabalho será exibida no Illustrator bem como a área de recorte.

A área de trabalho é todo o conteúdo dentro do retângulo central. A área de recorte (Scratch) é todo o conteúdo ao redor do retângulo. Essa área de recorte serve para você deixar elementos que são utilizados em diversas partes do seu desenho, ou seja, quando há a repetição de elementos e você não está muito a fim de ficar importando elementos a toda hora.

Uma figura dentro da área de trabalho.

A mesma figura dentro da área de trabalho e também na área de recorte (através do recurso copiar e colar).

Duas coisas importantes sobre a área de recorte:

- Só o que estiver dentro da área de trabalho será impresso;
- Você pode colocar quantos elementos desejar na área de recorte.

No exemplo que estou trabalhando, fiz apenas um simples recorte com a ferramenta tesoura.

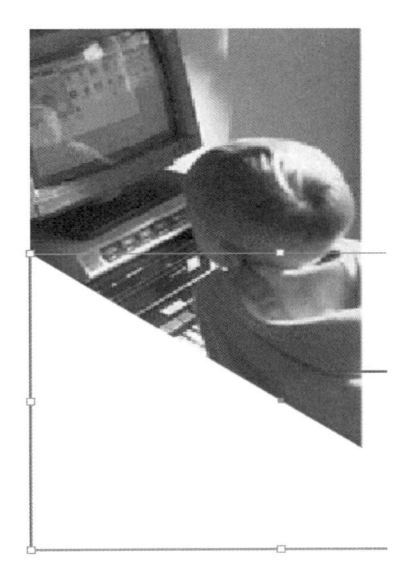

Agora que o desenho tem uma imagem e um objeto do próprio Illustrator (retângulo), vamos a algumas considerações.

Primeira Consideração: Salve o seu arquivo.

Nada mais chato do que ter que refazer todo o trabalho. Clique em File > Save (salvar) para salvar o arquivo.

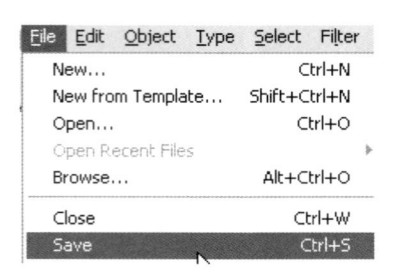

Observe que o arquivo será salvo com o nome dado na opção Name da caixa New Document.

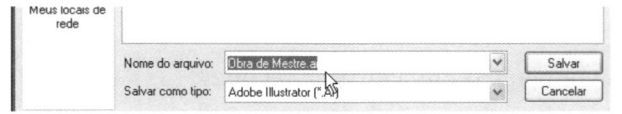

Escolha a pasta onde deseja salvar e clique em Salvar.

Segunda Consideração: Garanta o seu direito autoral sobre o desenho.

Clique em File > File Info (informações do arquivo). Na caixa que será exibida, entre com os seus dados pessoais e as informações sobre o conteúdo do desenho tal como nome do autor, descrição, palavras-chaves, nota de copyright e outros.

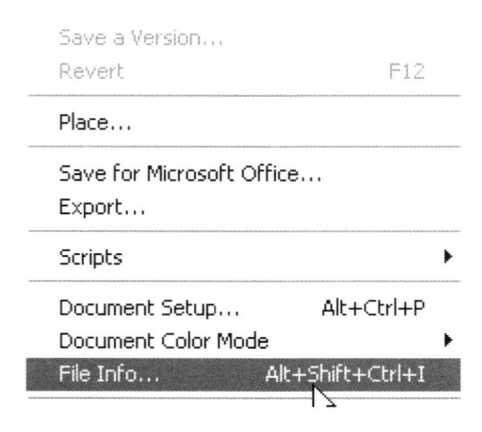

Claro que isso não irá impedir que alguém venha a ser tornar o novo dono da sua obra de mestre, mas pelo menos causará certa dor na consciência do malandro. Assim esperamos.

Terceira Consideração: Redefina as configurações do projeto/ desenho.

No início do capítulo, eu falei sobre o uso da caixa New Document, mas nem sempre as configurações que você irá determinar na caixa New Document serão 100% exatas. Às vezes você terá que alterar as configurações do projeto no meio do desenho. Para isso, utilize a opção File > Document Setup (configurações do documento).

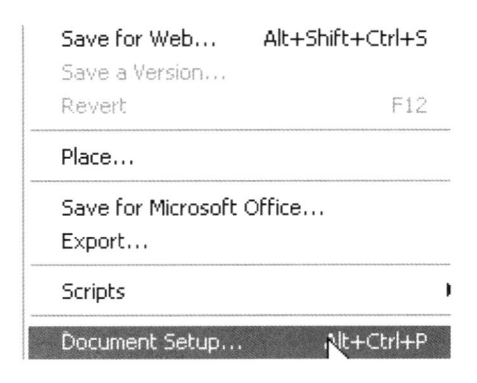

Na caixa Document Setup, é possível não só as mesmas opções da caixa New Document como também algumas outras. Veja:

Quando você abre a caixa Document Setup, a primeira coisa a fazer é observar a existência de uma caixa de seleção no canto superior esquerdo. Nessa caixa, você poderá escolher qual tipo de alteração deseja fazer. Uma alteração na área de trabalho (artboard), na tipologia (Type) e nas transparências (transparency). Por enquanto, vamos ficar restrito às alterações na caixa Artboard.

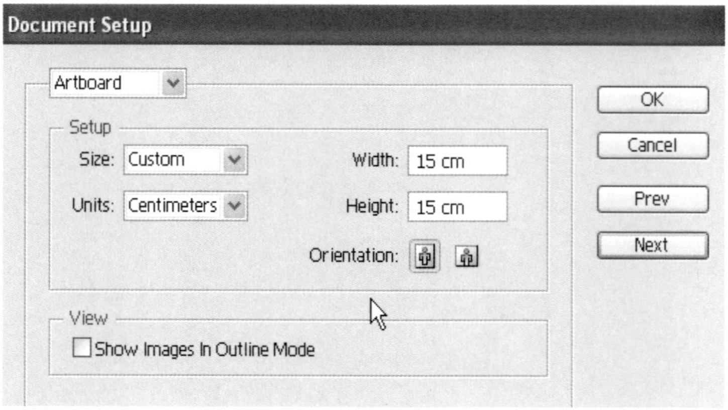
Document Setup
Artboard
OK
Cancel
Prev
Next
Setup
Size: Custom
Width: 15 cm
Units: Centimeters
Height: 15 cm
Orientation:
View
Show Images In Outline Mode

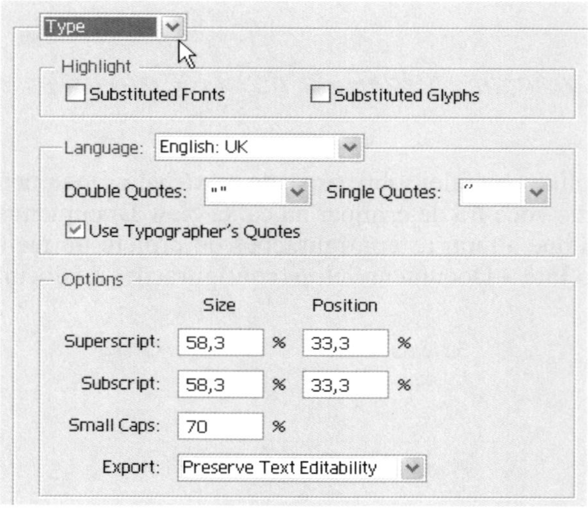
Type
Highlight
Substituted Fonts
Substituted Glyphs
Language: English: UK
Double Quotes:
Single Quotes:
Use Typographer's Quotes
Options
Size
Position
Superscript: 58,3 % 33,3 %
Subscript: 58,3 % 33,3 %
Small Caps: 70 %
Export: Preserve Text Editability

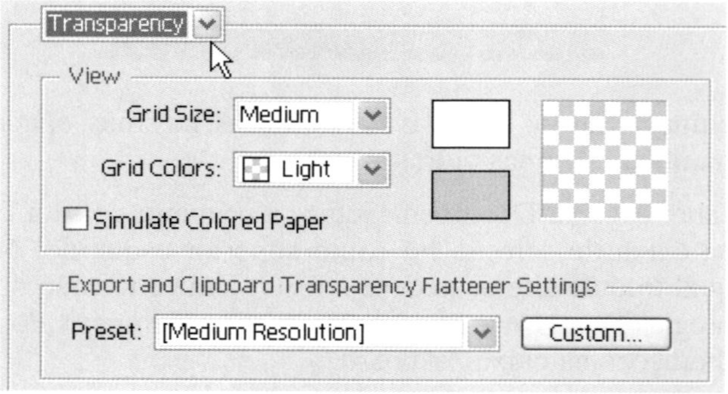
Transparency
View
Grid Size: Medium
Grid Colors: Light
Simulate Colored Paper
Export and Clipboard Transparency Flattener Settings
Preset: [Medium Resolution]
Custom...

Altere as medidas para 15x12cm e depois clique em Ok.

A caixa Document Setup será fechada e a área de trabalho passará a ter um novo tamanho.

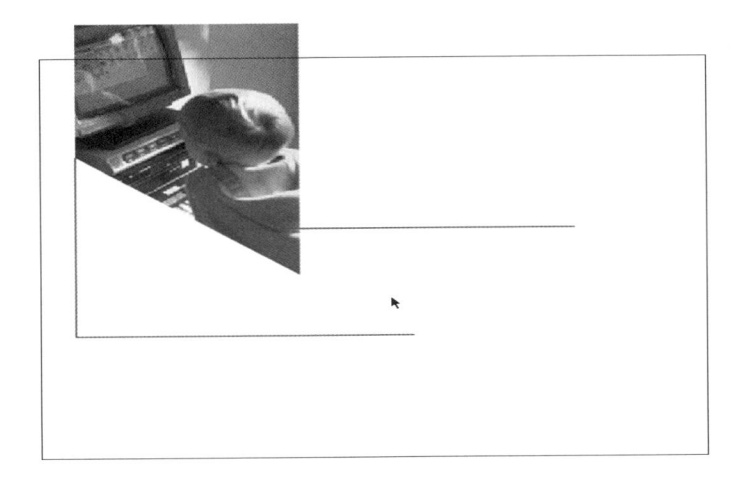

Clicar sobre os botões Prev e Next também faz a mudança entre as opções da caixa Document Setup

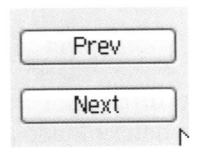

Quarta Consideração: Passeando pelo desenho

Caso o desenho que você esteja criando seja um tanto quanto grande ao ponto de não caber na tela, uma boa jogada é utilizar a paleta Navigator (navegação). Ela permite que você passeie pelo desenho em uma pequena tela separada da área de trabalho.

Clique em Window > Navigator

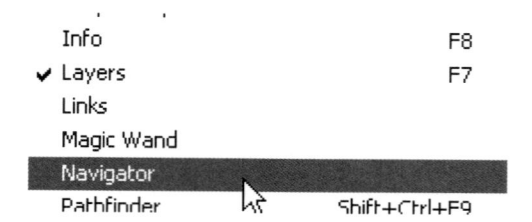

```
        Info                    F8
      ✓ Layers                  F7
        Links
        Magic Wand
        Navigator
        Pathfinder        Shift+Ctrl+F9
```

A paleta Navigator será exibida.

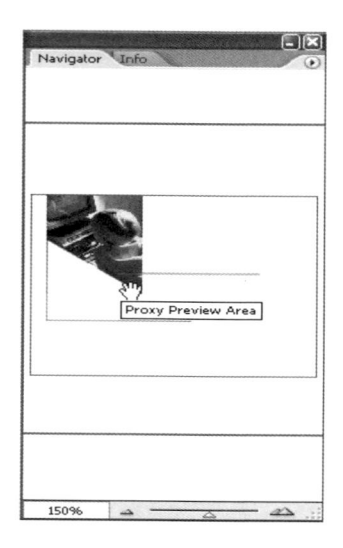

Clique sobre o desenho e movimente o mouse. Conforme você movimenta o mouse, a sua área de trabalho também será movimentada. Para exemplificar melhor, recomendo que você abra um arquivo de tamanho considerável para poder passear (ou navegar como alguns preferem) pelo desenho. Existem outras formas de visualização, mas vou falar mais adiante sobre elas.

Quinta Consideração: reaproveite os projetos!

Deixe o Illustrator fazer a parte difícil por você. Sempre que possível, salve as configurações que você fizer para um determinado projeto como um Template (modelo). Isso irá economizar tempo e lhe poupará dores de cabeça com padronização.

Ah, não sabe criar um template? Então vamos lá. Depois de criado o desenho e/ou definido as configurações, basta você clicar em File > Save as Template... (salvar como modelo) para que o arquivo passe a ser um modelo.

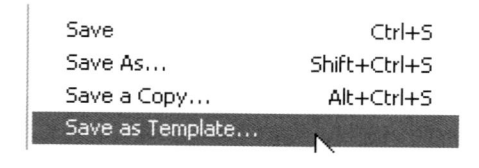

```
    Save                  Ctrl+S
    Save As...         Shift+Ctrl+S
    Save a Copy...       Alt+Ctrl+S
    Save as Template...
```

Observe que o programa irá salvar o arquivo na pasta Template e, principalmente, observe a extensão do arquivo (.ait).

```
Save As
Salvar em: [Templates]
           [Artist]

Nome do arquivo:  [Obra de Mestre.ait]
Salvar como tipo: [Illustrator Template (*.AIT)]
```

Diferentemente dos arquivos do Illustrator que têm extensão .ai, os templates recebem um T ao final da extensão para diferenciação.

Os templates são úteis para:
- Criação de crachás
- Criação de cartão de visita
- Páginas personalizadas
- Capa de CD
- Diversos outros produtos.

Sexta Consideração: veja bem os desenhos. Cada detalhe é muito importante.

O Illustrator é considerado um software de Fine Art, ou seja, de suprema delicadeza e riqueza de detalhes. Portanto, não tente fazer algo "nas coxas", com vários elementos soltos no meio do desenho. Um olhar técnico poderá apontar rapidamente diversos problemas em um desenho.

Por isso, ao trabalhar com o Illustrator, use ao máximo os recursos de zoom disponíveis no programa.

No livro, infelizmente não vou ensinar como ser um expert em desenho pelo fato de esse não ser o cunho do livro. O livro ensinará a usar o programa agregado aos seus conhecimentos de desenho (traço, formas e etc...)

Abra um arquivo qualquer existente na pasta templates do Illustrator. Preferencialmente um arquivo com um bom número de elementos/objetos.

Eu optei por abrir o arquivo **Web Site.ait**, disponível na pasta Artist.

Logo em seguida, eu abri a paleta Navigator como explicado anteriormente.

Repare que na parte de baixo da paleta Navigator existe um controle deslizante. Ao mover esse controle você poderá ampliar ou reduzir o zoom aplicado ao desenho.

No exemplo acima, o box vermelho existente na paleta navigator está sobre o desenho do rapaz com o cigarro na mão. Por isso o zoom foi aplicado nessa região. Clique sobre o box vermelho e mova-o para outra posição.

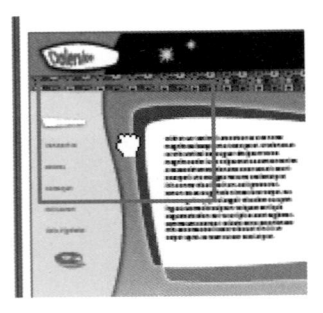

A área ampliada será modificada automaticamente.

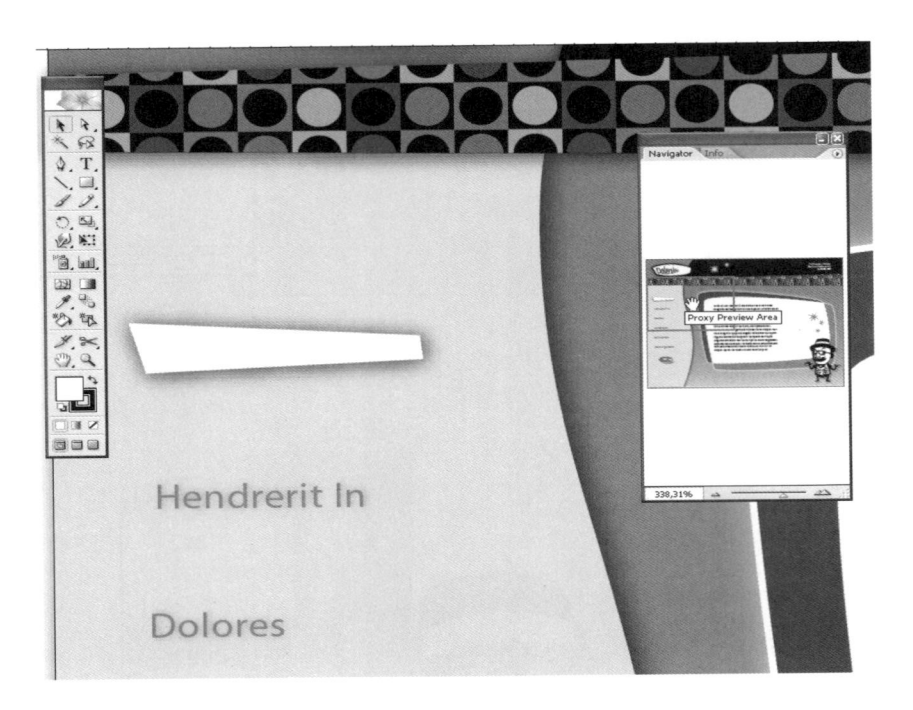

Se não estiver satisfeito com os resultados da paleta Navigator, não fique triste, pois temos outras opções para ampliar e reduzir a visualização do desenho.

Uma delas, como dito anteriormente, está bem acima do botão iniciar do Windows XP.

Nessa opção, você pode ampliar o desenho até 6400%. Acredite, não será difícil você usar uma ampliação nessa proporção... Quando estiver trabalhando com caminhos, um zoom nessa magnitude será de grande valia.

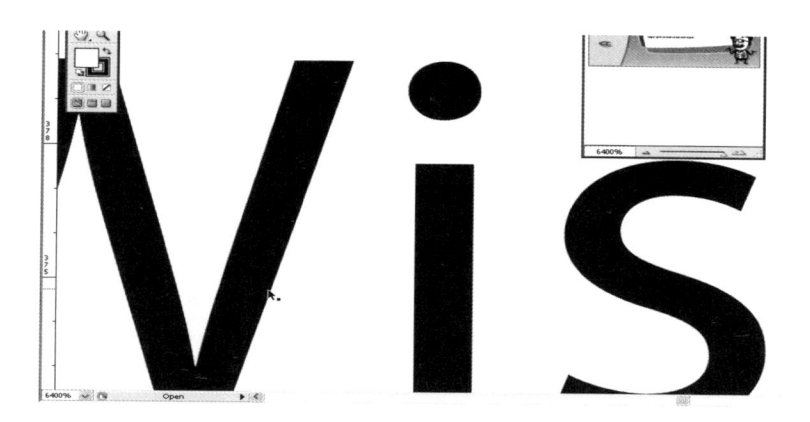

Outra opção de zoom é através da caixa de ferramentas.

Essa não requer muito o que falar, não é? Lembre-se apenas que pressionando a tecla Alt com a ferramenta zoom selecionada você irá diminuir a visualização atual.

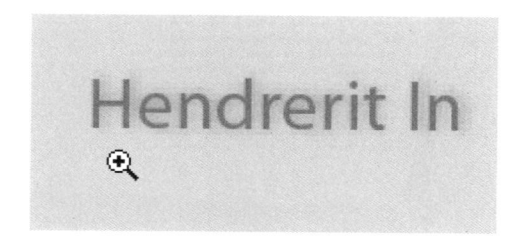

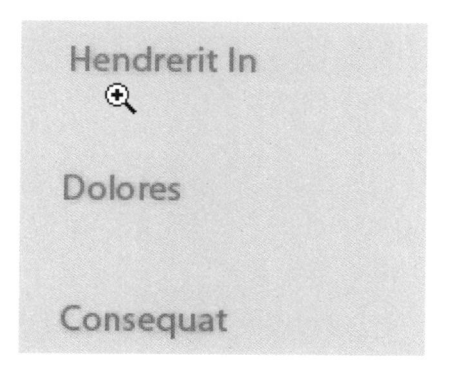

Agora, a opção mais fácil de todas é usar o menu View para determinar qual a melhor visualização para a tarefa a ser executada. Repito, procure usar o maior zoom possível em tudo o que for fazer no Illustrator.

Zoom In	Ctrl++
Zoom Out	Ctrl+-
Fit in Window	Ctrl+0
Actual Size	Ctrl+1

Ctrl+0 faz o desenho voltar ao tamanho normal. Ctrl+- diminui o zoom. Ctrl++ aumenta o zoom.

Essa opção é a melhor de todas. Em alguns casos, o desenho pode ficar um tanto quanto pesado e isso irá representar uma grande perda de tempo de processamento (diretamente relacionado ao processador do seu computador). Por isso, a opção Outline (contorno) é ideal para quem quer trabalhar sem perder muito tempo.

Antes de explicar a opção, eu vou mostrar o que ela faz e então você poderá tirar as suas próprias conclusões. Desenho no modo de visualização normal:

Figura no modo Outline:

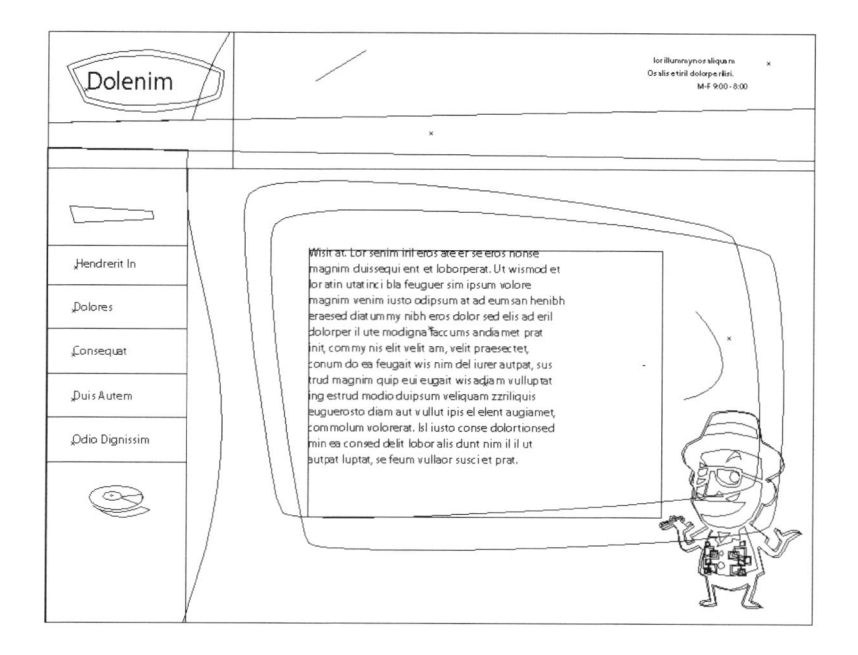

O Illustrator simplesmente sumiu com todas as cores, camadas, efeitos e etc... deixando apenas os contornos dos elementos. Desta forma, o processamento é bem mais rápido e também fica bem mais fácil mexer nos objetos já que podemos determinar com exatidão o início e o fim de cada objeto.

Observe os símbolos acima da cabeça do desenho do homem. No modo normal você consegue determinar exatamente o que é. Já no modo Outline, esses elementos passam a ser umas simples linhas.

Sendo assim, cuidado com as alterações no modo Outline, pois nem tudo é o que parece.

Cuidado também quando for trabalhar com o modo Outline juntamente com as guias e grades ativas. Dependendo do desenho, será um caos determinar quem é quem.

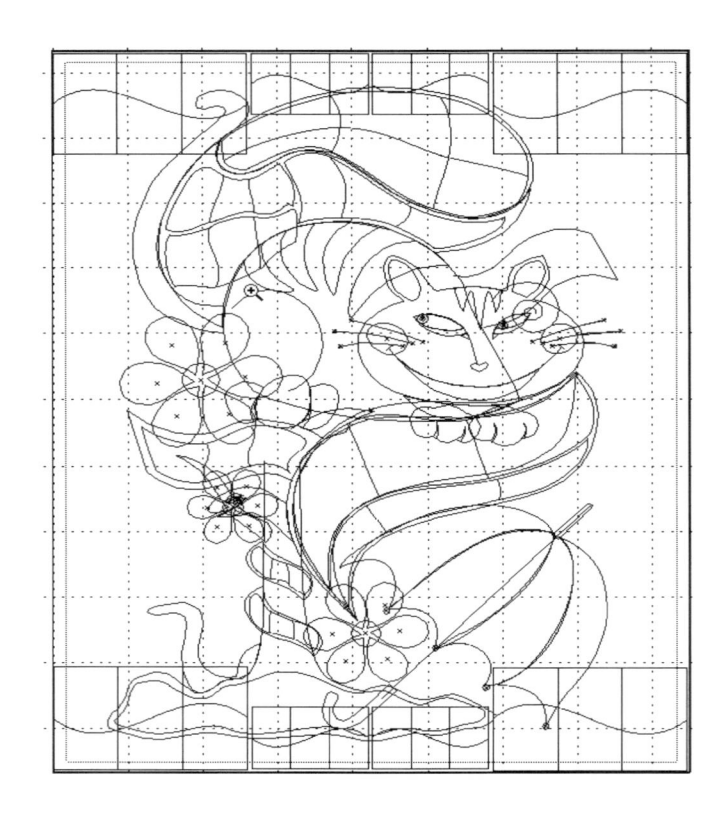

Para ativar o modo Outline, clique sobre o desenho com o botão direito do mouse e escolha Outline no menu.

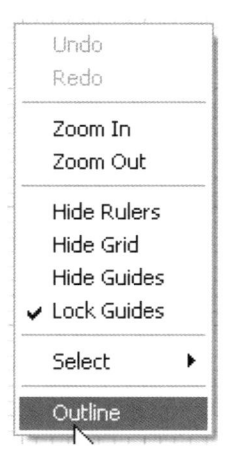

Se preferir usar o menu View, Outline é a primeira opção a aparecer.

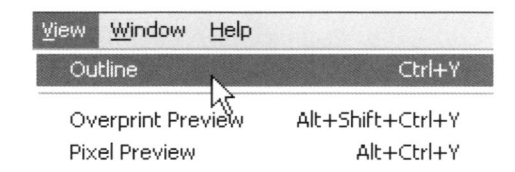

Para voltar ao modo normal, escolha Overprint Preview no menu View ou novamente utilize o menu pop-up clicando com o botão direito do mouse sobre o desenho.

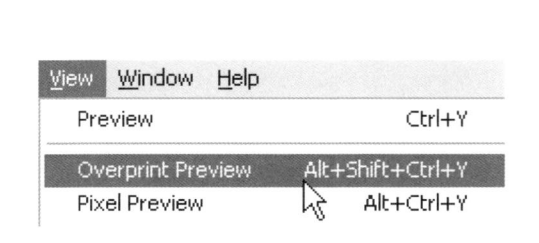

Até aqui, eu já gastei N páginas do livro apenas para mostrar recursos fundamentais (básicos ou não) do Illustrator. Que tal agora colocarmos a mão na massa e iniciarmos o uso dos objetos?

No próximo capítulo, prepare o mouse, a criatividade e uma lata de refrigerante para relaxar.

CAPÍTULO 2: Qual é o seu projeto de vida?

3

ufa!! desenhando objetos, finalmente

Já falei sobre algumas ferramentas do Illustrator, sobre alguns conceitos, sobre como se virar com o Illustrator e, principalmente, sobre o fato do Illustrator não ser tudo. Sim, você precisa de outras coisas além do programa para criar uma ilustração profissional. A começar pela sua criatividade. Desta forma, eu quero apenas reforçar a premissa: Não fique bravo se não conseguir fazer o que você realmente quer fazer no Illustrator. O tempo e a prática o levarão à perfeição.

Em qualquer livro sobre Illustrator você encontrará uma infinidade de desenhos que parecem ter sido criados por algum ser superior e que jamais você conseguirá atingir tal nível de perfeição. Aceite isso apenas no começo de sua caminhada com o Illustrator, mas não deixe de lutar, digo, estudar.

Neste Capítulo...

Place	Reflexo	Agrupar objeto
Links	Flare	Pathfinder
Arc	Fill	Erase
Fidelity	Move	Shear
Formas geométricas	Pencil	Line

Por isso, no livro **Illustrator CS3 Guia Prático e Visual** a intenção não é torná-lo expert em desenho, illustração, criação de objeto ou seja lá qual for o nome que escolher. A intenção é torná-lo expert no uso do Illustrator.

Pense em um carro e uma auto-escola. O professor ensina a dirigir ou ensina a se defender dos barbeiros no trânsito?

Uma coisa de cada vez

Uma boa e uma má notícia antes de continuar o capítulo:

A má: não vou torná-lo um expert em ilustrações;

A boa: ao final do capítulo ninguém irá segurar o seu dom de criação;

Para começar, pegue um lápis e um papel. Você já ouviu falar de storyboard, de rascunho, colocar a idéia no papel? Pois bem, no Illustrator recomendo que você comece o trabalho usando os seus velhos amigos de escola. O lápis e o papel.

Se você quiser desenhar uma casa, experimente desenhar a casa no papel. Provavelmente, você fará uma casa simples com 1 porta, 1 janela e talvez até uma chaminé.

Espere 10 minutos e volte a olhar para o desenho da casa feito no papel. Sou capaz de apostar que você terá vontade de alterar alguma coisa no desenho feito no papel, quem sabe colocar uma cortina na janela ou uma árvore do lado de fora.

No Illustrator você pode tranquilamente começar a desenhar a casa e depois fazer as implementações/melhorias que desejar. Porém, isso levará um pouco mais de tempo (nessa fase inicial de aprendizado) do que fazer isso no papel.

Então, pense bem antes de começar a desenhar no Illustrator.

Legal, vamos partir para a aventura. A sua primeira tarefa será abrir todos os arquivos que estão na pasta template do Illustrator. Desta forma você terá uma visão, na prática, do que é possível fazer com o Illustrator. Desde um simples símbolo até um cardápio completo para um restaurante.

Sun marker

Duas linhas de conhecimento...
Os arquivos de exemplo são protegidos por direito autoral.

Com as duas figuras acima é possível fazer um comparativo curioso. O Illustrator, apesar de ser uma ferramenta que permite criar ilimitados objetos, tem lá suas limitações e dificuldades. Em alguns casos é preferível importar um elemento/objeto já pronto do que criá-lo no Illustrator. Isso se chama combinar objetos de diferentes aplicativos.

Você pode pegar uma imagem do PowerPoint ou uma imagem escaneada e aplicar ao Illustrator. Para importar uma imagem, clique em File > Place (colocar, no sentido de inserir algo).

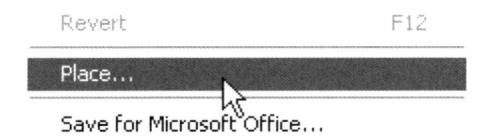

A caixa Place será exibida e nela você poderá selecionar o arquivo a ser importado.

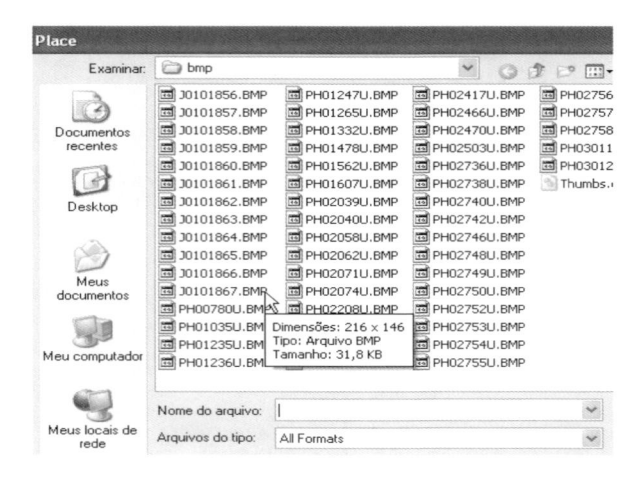

Repare na quantidade de formatos que são possíveis de serem inseridos no Illustrator.

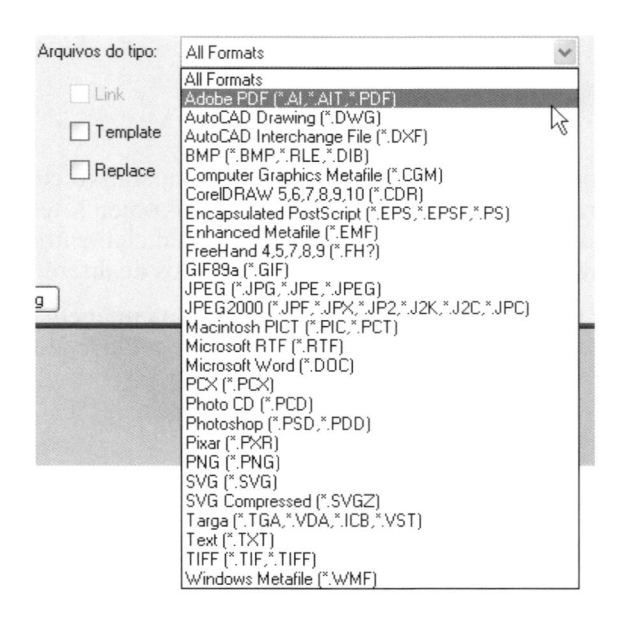

Eu optei por importar um arquivo .bmp e um arquivo .jpg.

Uma vez importado, você poderá brincar à vontade com as imagens.

Cada imagem importada para o Illustrator será exibida na paleta Link (vínculos) que está disponível no menu Window > Links

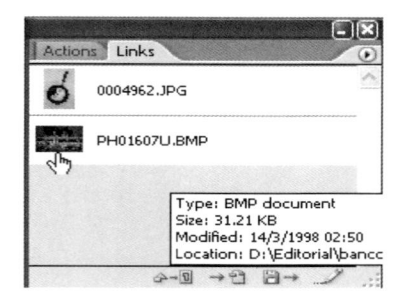

Na paleta Links, um duplo clique sobre a imagem abrirá a caixa Link Information com informações sobre a imagem.

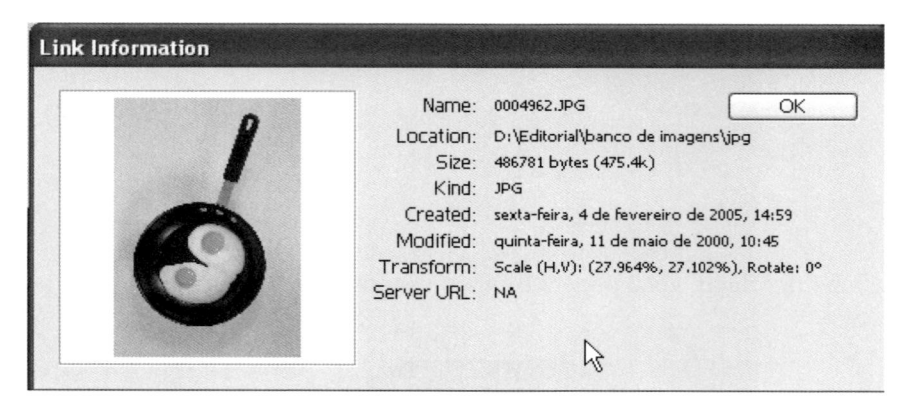

Agora, vamos aos problemas das imagem inseridas no Illustrator:

- ☐ Sempre que você inserir uma imagem no illustrator, certifique-se de enviar a imagem juntamente com o arquivo .ai para o seu cliente ou bureau de serviço. Mesmo que você tenha certeza absoluta que a imagem está dentro do arquivo .ai (processo de importação), não custa nada precaver.

- ☐ Uma alternativa que os profissionais usam para não pesar o arquivo .ai é linkar o arquivo original da imagem importada com a área onde ele deverá aparecer no desenho no Illustrator. A grosso modo, isso significa que o Illustrator deixa uma área no desenho e nessa área existem alguns dados (não visíveis) que informam ao Illustrator onde ele deve ir buscar a imagem a ser exibida. Se você utilizar esse processo (que é o mais correto) tenha certeza absoluta de enviar a imagem junto com o arquivo .ai do projeto. Essa é a famosa briga entre vincular e incorporar uma imagem. Na vinculação (ou *linkagem*), você determina onde o Illustrator deverá pegar a imagem para exibir. Na Incorporação, o arquivo com a imagem a ser exibida está dentro do arquivo .ai.

- ☐ Erros em links são extremamente comuns e cada caso é um caso;

- ☐ Projetos com arquivos vinculados geralmente dão problemas com os formatos vinculados. Pode ser que o Illustrator do seu cliente não consiga abrir um arquivo .DWG do AutoCAD;

- Projetos com arquivos incorporados ficam muito pesado, pois além de carregarem consigo as informações do arquivo .ai (do projeto desenvolvido) levam também as informações dos arquivos que foram inseridos.

- Alguns formatos não são editáveis no Illustrator. Você precisará ter o programa que gerou a imagem para editar.

- Dependendo da configuração na caixa Preferences do Illustrator, opção Files & Clipboard, as alterações feitas em um arquivo que foi inserido no Illustrator podem ser ou não exibidas automaticamente no projeto. Aqui a coisa é um pouquinho mais complexa. Suponhamos que você tenha importado uma imagem de uma casa com o telhado vermelho para o Illustrator e que essa imagem tenha sido produzida no CorelDRAW (arquivo .CDR). Sempre que você abrir o projeto no Illustrator, a casa será exibida com o telhado vermelho. Agora, se você abrir o CorelDRAW e alterar o telhado de vermelho para marrom, você passará a ter uma nova imagem fonte e essa nova imagem fonte poderá ou não ser exibida no Illustrator no lugar da imagem anterior.

Para determinar se a atualização da imagem será automática ou não, clique em Preferences > General no menu Edit.

A caixa Preferences será exibida.

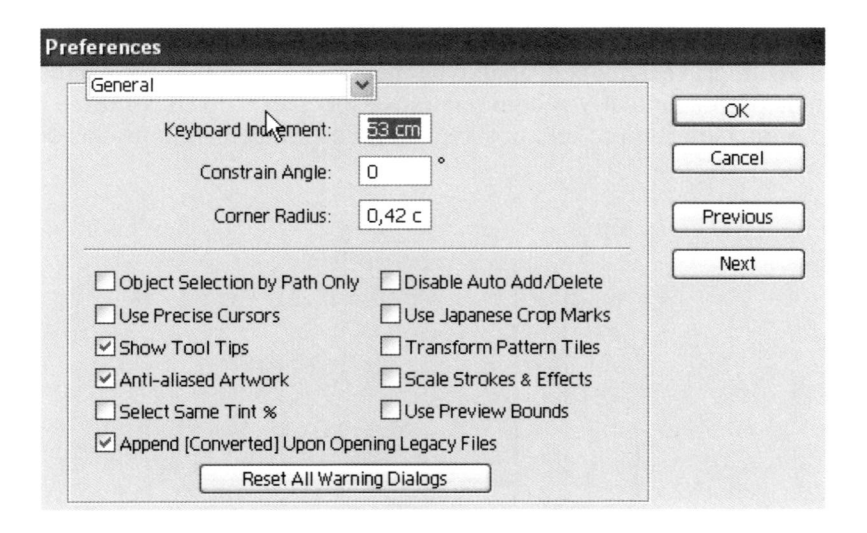

Selecione a opção File Handling & Clipboard (manipulação de arquivo)

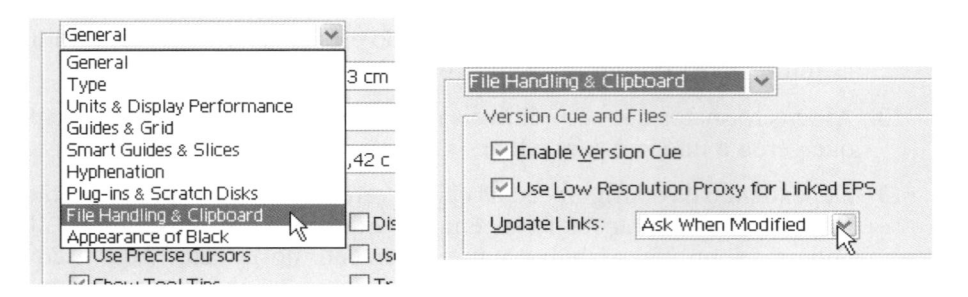

Nessa opção altere a configuração da caixa de seleção Update Links (atualizar links) para uma das opções a seguir:

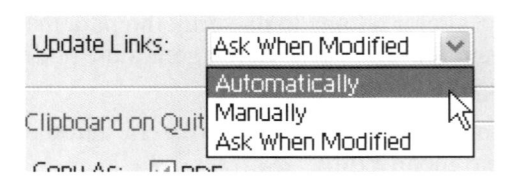

Automatically - automática

Manually - Manual

Ask When Modified – perguntar quando modificado

Recomendo que você deixe a opção *Ask When...* ativa para não ter surpresas.

Para finalizar, grave a imagem abaixo na memória. A combinação e a manipulação de imagem de outros aplicativos com recursos específicos do Illustrator é totalmente possível, porém, nem sempre será possível editar as imagens importadas diretamente no Illustrator.

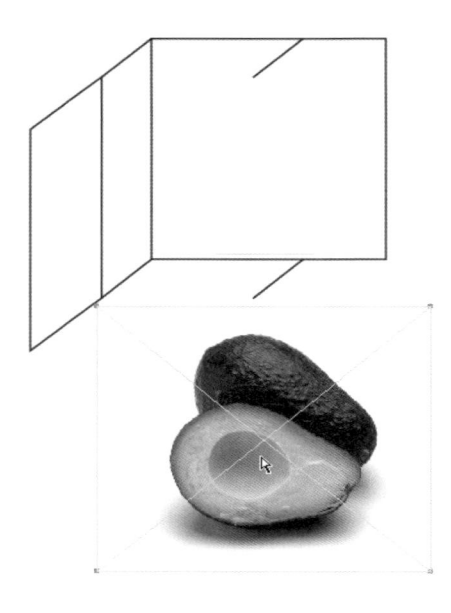

Crie a partir do nada e crie a partir do tudo

Outro grande mistério do Illustrator é que às vezes algo tão simples pode dar forma a objetos extremamente complexos e objetos extremamente complexos podem dar formas a coisas tão simples.

Veja o exemplo abaixo onde um desenho qualquer muda de aparência com apenas alguns cliques do mouse.

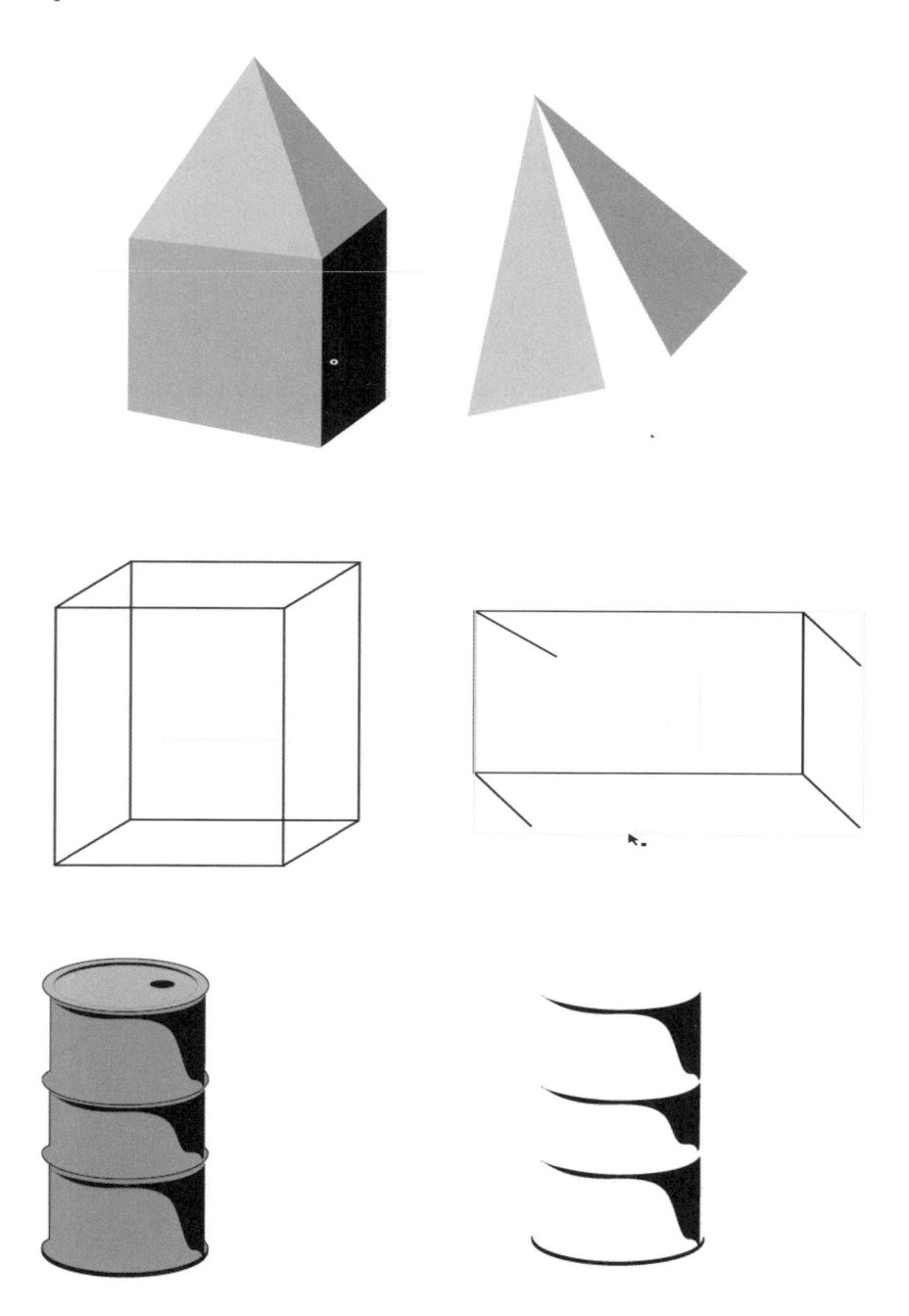

Fica a seu critério definir qual foi a forma mais difícil de ser criada.

Queria eu poder parar de falar sobre a teoria da coisa (o Illustrator), mas a mão fica coçando e eu acabo deixando a imaginação fluir. Mas eu prometo que de agora em diante vou me ater a mostrar a coisa funcionando, pegando fogo. Para provar, vamos desenhar loucamente até o dedo ficar fazendo o movimento de clique do mouse mesmo sem estar com um mouse na mão.

> *LER – Lesão por esforço repetitivo. Não fique preocupado. Ler só acontece com quem trabalha com processos repetitivos por longas horas, o que não é o nosso caso. Só por ficar mais de 15 horas sentado na frente do micro mexendo com mouse e teclado não quer dizer que fazemos esforço repetitivo, não é?*

Para começar a desenhar, clique na ferramenta Pencil na caixa de ferramentas.

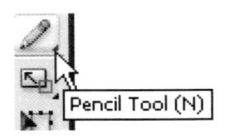

Sobre a área de trabalho, segure e arraste o mouse na posição desejada.

Essa ferramenta é 100% dependente da sua precisão na hora de mover o mouse. Por isso, alguns usuários preferem utilizar equipamentos específicos para desenho, os chamados tablets ou mesa digitalizadora. Vale lembrar que mesmo que a sua precisão com o mouse seja fantástica, até uma simples sujeira dentro do mouse ou um mouse pad um tanto quanto velhinho poderá atrapalhar na hora de desenhar. Abaixo, a imagem de um tablet.

Repare na dificuldade que é criar um simples círculo com o mouse ou para simular as ondas do mar.

Com o tablet, o problema de precisão não é totalmente sanado, pois o correto uso do tablet também depende da sua precisão na mão na hora de desenhar. Contudo, é muito mais fácil desenhar no tablet (que simula um pedaço de papel) do que na tela através do mouse.

A bem da verdade, você verá mais adiante que é preferível utilizar outras ferramentas para desenho do que a própria ferramenta Pencil.

Se você reparou, a ferramenta pencil é realmente um lápis. Inclusive na cor e espessura. Contudo, você não precisa ficar dependente única e exclusivamente do padrão de desenho da ferramenta Pencil. Com alguns pequenos ajustes você poderá variar o resultado dos traços produzidos com a Pencil.

Com a ferramenta Pencil selecionada e antes de clicar sobre a área de trabalho, dê um duplo clique em Fill (preenchimento) na caixa de ferramentas. A caixa Color Picker será exibida.

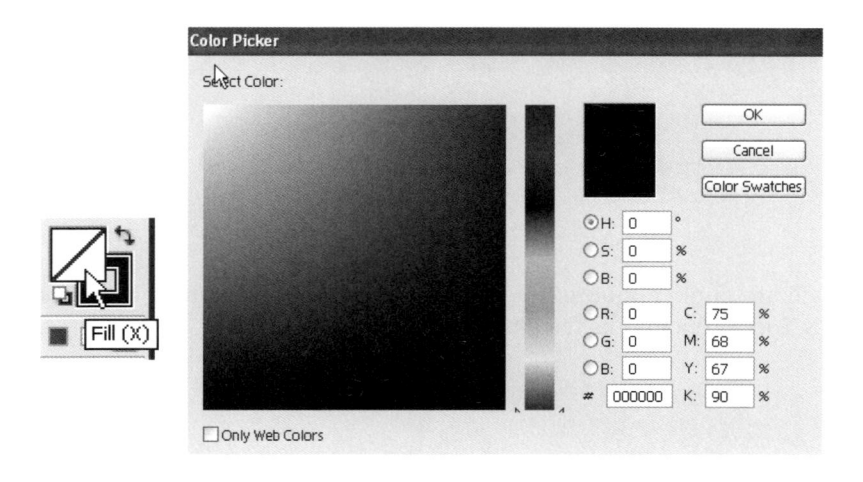

Na Color Picker é possível determinar a cor que você quer utilizar no preenchimento do desenho. No exemplo, vou escolher a cor verde para poder desenhar uma folha.

Depois de selecionar a cor, clique em OK e observe que na caixa de ferramenta aparece a cor selecionada.

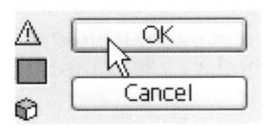

Comece a desenhar a folha. Ao término do desenho, a folha será preenchida com a cor selecionada.

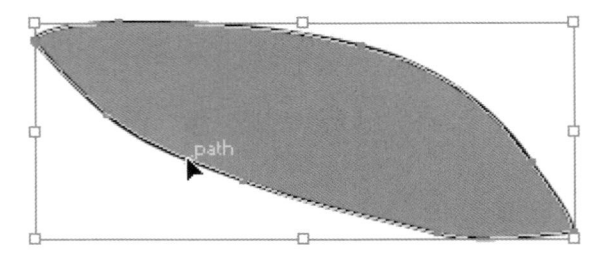

Agora, dê um duplo clique sobre a ferramenta Pencil para ativar a caixa Pencil tool Preferences (preferências da ferramenta).

Na caixa Preferences, você encontrará duas importantes configurações para a ferramenta Pencil. Fidelity (fidelidade) e Smoothness (suavização).

> *Não é meu intuito ser o detentor da palavra final. As traduções que estou utilizando entre ( ) são traduções que ajudam você a entender a finalidade do comando/opção. Por isso, em alguns livros ou cursos, o que eu chamo de fidelidade pode ser chamado por outro nome. Vale ressaltar também que quando o assunto é Illustrator, em geral usa-se o termo em inglês.*

Voltando ao controle Fidelity, ele serve para indicar ao Illustrator para ser mais ou menos fiel ao movimento do mouse (ou do tablet). Com uma baixa fidelidade (2 pixels), ao desenhar um objeto, o Illustrator quase não interfere no resultado final.

Ao aumentar a fidelidade para 15 pixels, o resultado fica bem mais preciso.

Na prática, o Illustrator insere mais pontos de ancoragem à medida que você diminui a fidelidade. Quanto menos pontos você tiver, mais suave será o objeto, no caso uma curva.

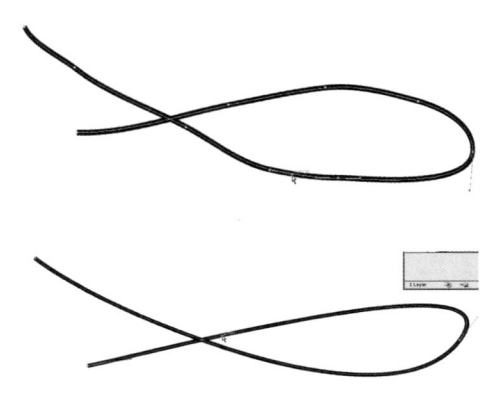

Para o controle Smoothness recomendo que você trabalhe com valores acima de 80% para uma maior definição.

Agora, crie um novo objeto preferencialmente similar ao mostrado abaixo.

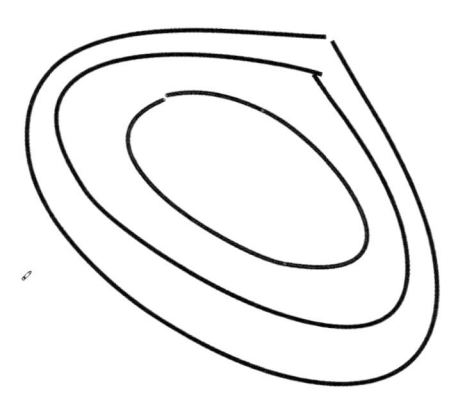

Observe que a intenção era criar alguns círculos, porém como não apliquei zoom suficiente não consegui fechar os círculos corretamente.

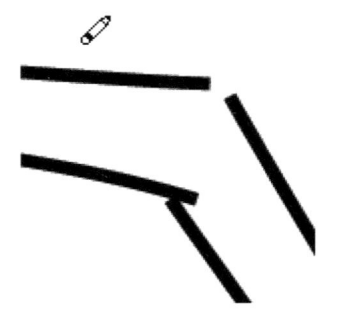

Vamos portanto apagar parte do erro. Clique na ferramenta de seleção direta.

Em seguida, clique sobre um dos círculos que deseja alterar.

Observe que o caminho e os pontos de ancoragem foram exibidos. Recomendo que você amplie o zoom sobre a área que irá trabalhar e depois selecione a ferramenta Erase (borracha).

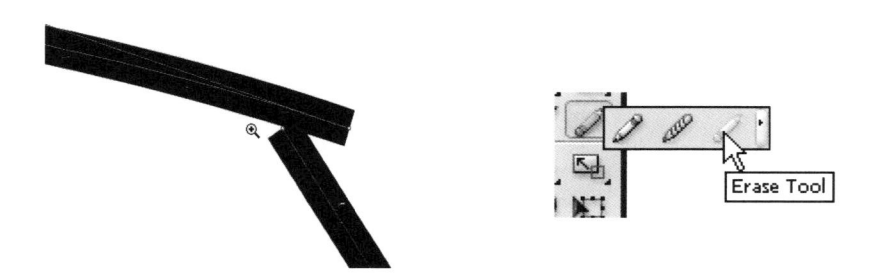

Clique, segure e arraste a ferramenta Erase sobre o segmento que deseja apagar.

O novo segmento.

Agora, tendo apagado parte do segmento que ficou para fora na figura original, vamos ligar os dois segmentos para fechar o círculo. Clique novamente na ferramenta Pencil.

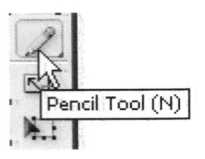

Em cima de um dos segmentos, clique e arraste o mouse em direção ao próximo segmento.

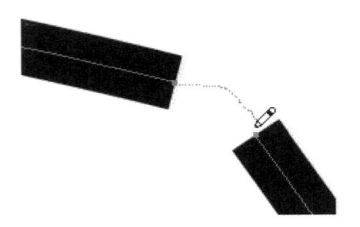

Ao liberar o botão do mouse, o segmento será fechado.

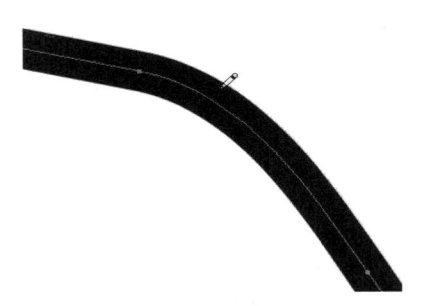

Observe que não ficou exatamente uma curva por causa da precisão. Agora, teremos que ajustar a curva editando os pontos de ancoragem, ou seja, clicando sobre cada ponto e arrastando-o para uma posição que torne o segmento curvo.

Reduza o zoom para ter uma visão completa do desenho.

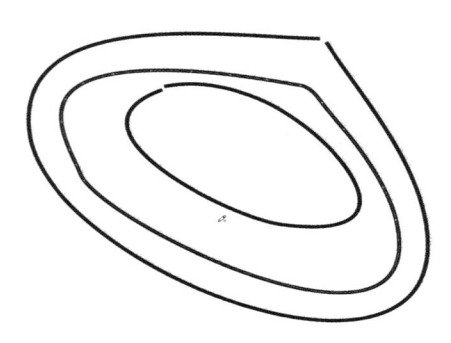

Apenas para reforçar, os pontos em cor azul sobre o segmento são os pontos de ancoragem e a linha em cor esverdeada que liga os pontos são os caminhos.

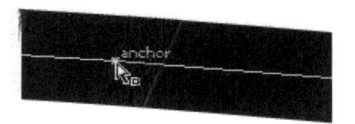

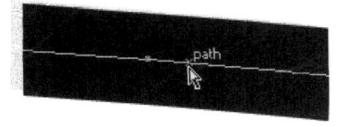

Clique sobre um ponto e arraste para uma nova posição para ajustar o círculo.

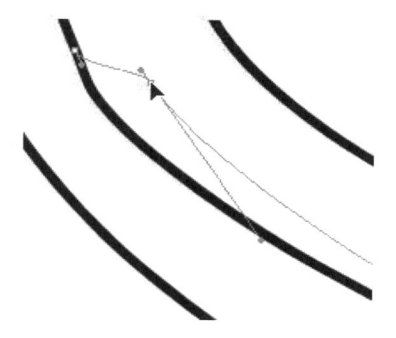

Cuidado com os movimentos, pois eles podem ser desastrosos no início.

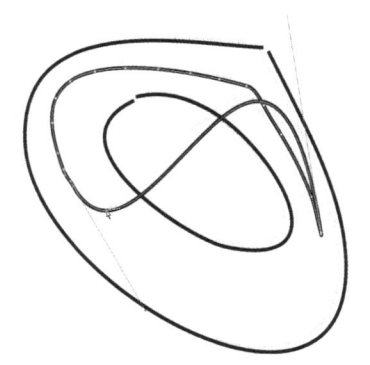

Os movimentos podem ser para a esquerda e para a direita, para cima e para baixo e também na diagonal. Caso a sua mão não esteja ajudando, clique duas vezes sobre a ferramenta Direct Selection na caixa de ferramentas para ativar a caixa Move (mover).

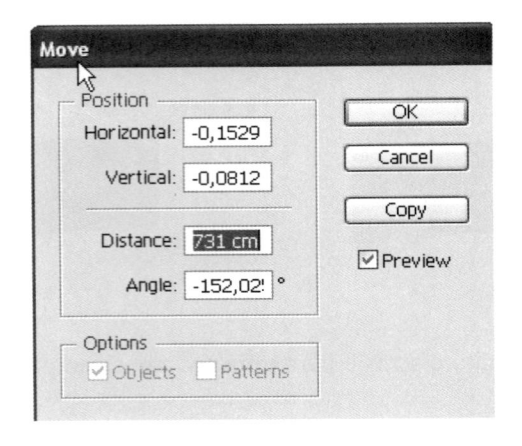

Nessa caixa você poderá alterar os pontos inserindo valores horizontais e verticais para movimentação. Recomendo que você use essa caixa só em último caso e, principalmente, após adquirir certa confiança no Illustrator.

Dependendo da situação, pode chegar ao ponto de ser impossível fazer determinados ajustes nos pontos de ancoragem. Neste caso, a melhor opção é começar o segmento novamente tentando ser o mais preciso possível.

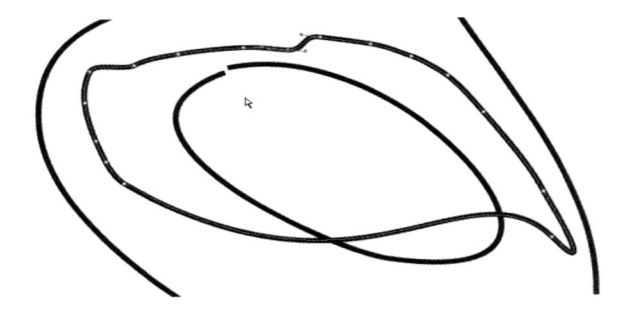

Por enquanto, não se preocupe em tentar fazer o círculo. O importante é aprender o uso e a manipulação das ferramentas. Como eu sei que você está realmente curioso para criar um círculo, vou mostrar o pulo do gato.

Clique na ferramenta Ellipse.

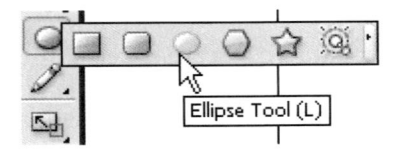

Segure e arraste o mouse sobre a área de trabalho. Pronto, o círculo está desenhado. *Difícil de fazer....*

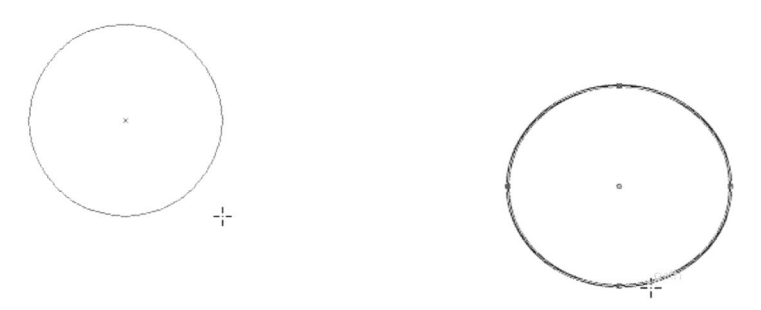

Vamos variar um pouco o círculo. Clique na ferramenta de seleção direta.

Clique sobre um dos segmentos do círculo.

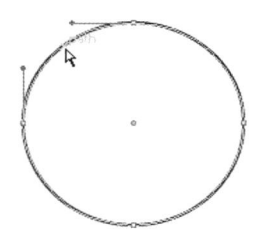

Pressione a tecla Delete. Apenas a parte selecionada será excluída. O mesmo procedimento você pode fazer com a ferramenta Erase, só que é um pouquinho mais trabalhoso.

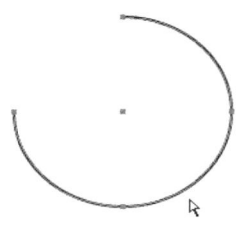

Apagando mais um pedaço do círculo e repetindo os elementos, eu comecei a criar um novo objeto totalmente diferente. Você poderá interpretar o objeto de várias formas, desde uma minhoca até uma corda.

O que eu quero mostrar é que, se você quiser desenhar uma cordam, em alguns casos, é preferível pensar em formas alternativas do que partir para o desenho da corda.

Se você selecionar 4 dos objetos que foram desenhados e duplicá-los, poderá gerar um novo desenho. Veja:

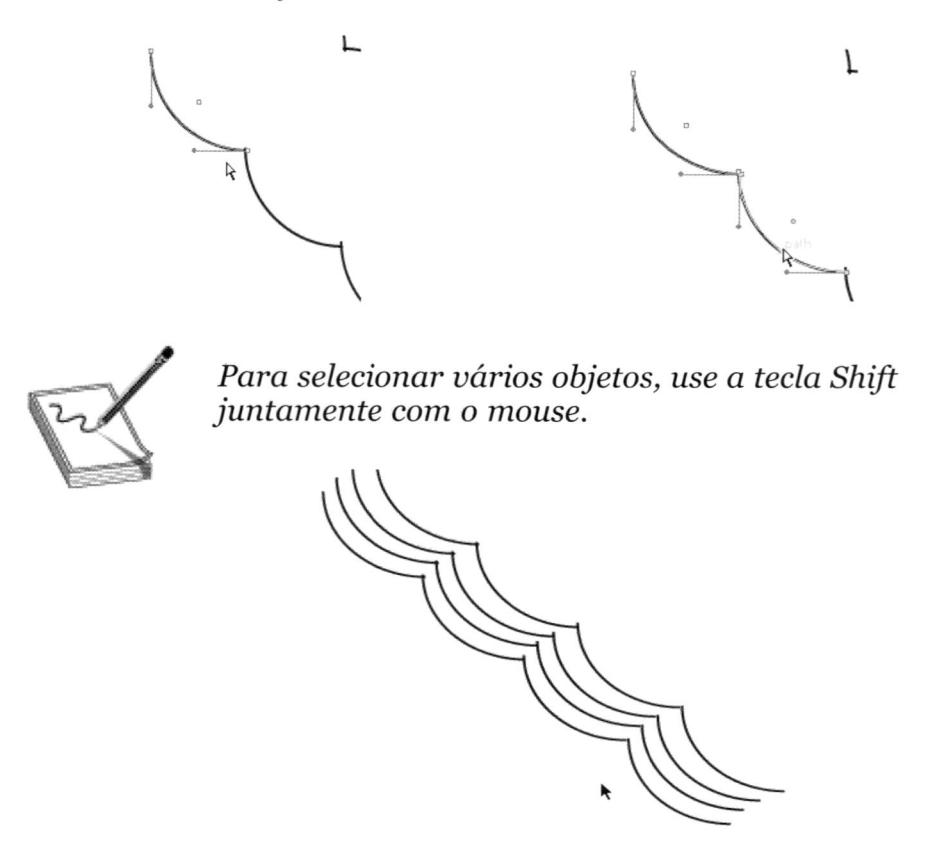

Para selecionar vários objetos, use a tecla Shift juntamente com o mouse.

Um simples desenho pode assumir diversas formas, basta você alterar alguns elementos tais como a rotação, a inclinação, o número de elementos repetidos e por aí vai.

Por isso que eu pedi para você, antes de começar a usar o Illustrator, abrir todos os desenhos que estão disponíveis na pasta Sample para ver como eles foram construídos.

Claro, na hora que você estiver dominando o programa terá condições de criar desenhos de uma forma tão simples que vai parecer brincadeira. Vamos mudar de desenho para dar continuidade ao desenvolvimento de objetos diversos.

Clique na ferramenta Spiral. Sobre a área de trabalho, segure e arraste o mouse.

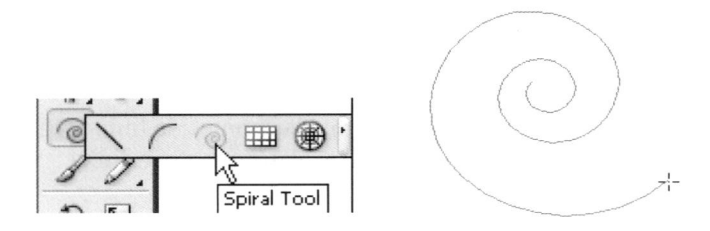

Uma espiral simples será desenhada.

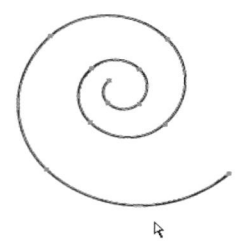

Dê um duplo clique sobre a espiral, em qualquer parte dela. A caixa Spiral será exibida. Nela você poderá alterar as configuração para obter outros formatos de espiral.

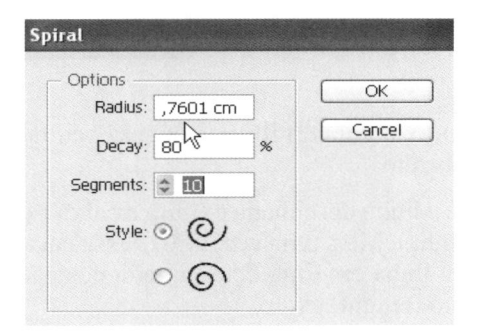

Cada ferramenta de desenho do Illustrator tem as suas particularidades. Por isso, você precisa treinar o uso de cada uma para obter o melhor resultado. Vou dar um exemplo com base na ferramenta Line (linha).

Teoricamente para desenhar uma linha basta selecionar a ferramenta Line, clicar e arrastar sobre a área de trabalho. Isso realmente funciona, como mostra a próxima figura.

Só que não é apenas isso. Experimente desenhar uma linha mantendo a tecla Alt pressionada. Se você mantiver a tecla Alt pressionada enquanto desenha a linha para o lado direito, o próprio Illustrator irá esticar a linha na direção oposta, simetricamente.

Amplie o zoom e pare o mouse sobre uma das pontas da linha. O Illustrator mostrará os ângulos para poder ajudar na hora de desenhar uma nova linha.

Se você quiser uma nova linha em 45 graus começando no final da linha já existente, basta traçar a linha sobre a guia apresentada pelo Illustrator.

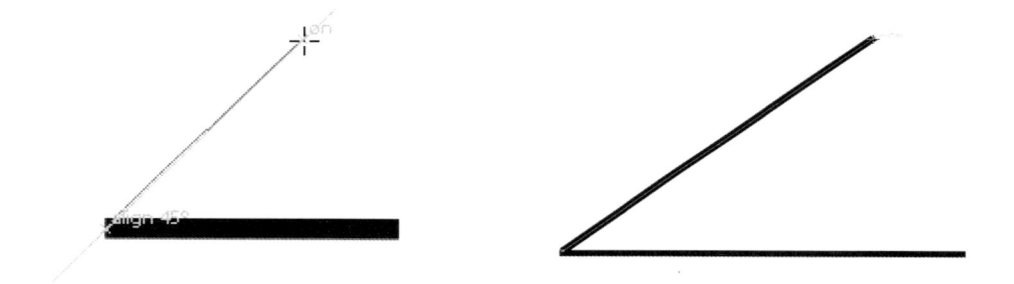

Caso você saia do ângulo, a guia do Illustrator será ocultada para que você perceba que está fora do ângulo correto.

Um duplo clique sobre a linha desenhada exibirá a caixa Line Segment Tool Options (opções do segmento de linha). Mais uma vez, utilize essa caixa se tiver dificuldade com o mouse para posicionar a linha em uma determinada posição (ângulo) ou para criar a linha com um comprimento (lenght) exato.

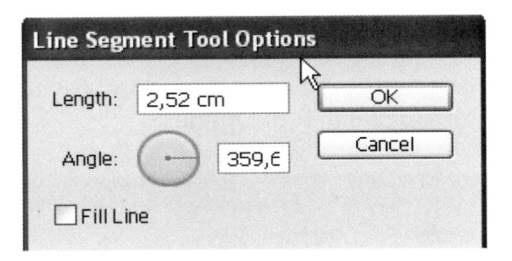

Agora, ative a ferramenta Arc.

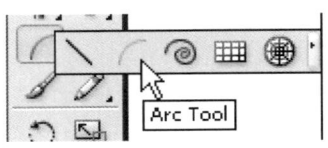

Faça o de sempre, ou seja, clique na área de trabalho e arraste o mouse. Um arco será desenhado.

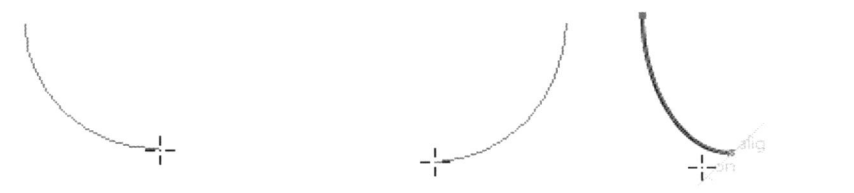

Apesar de ser a ferramenta arco, é possível criar uma reta com ela através do alinhamento dos pontos e do auxílio da guia que o Illustrator exibe. Veja.

Até mesmo criar formas é possível com o arco.

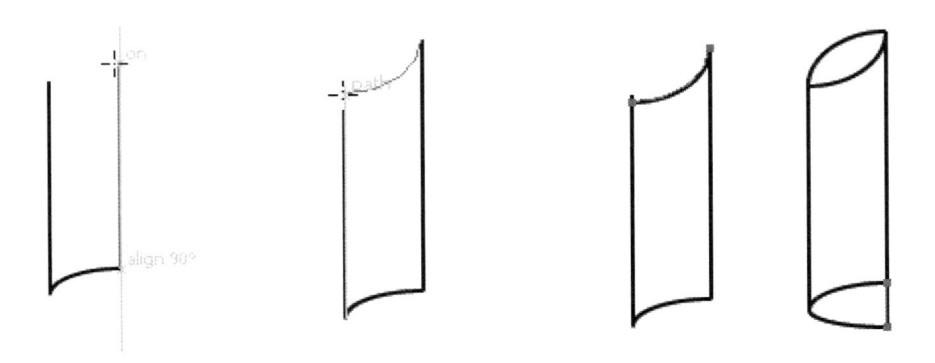

Lembre-se que para criar formas como a que eu criei acima foi preciso inserir diversos arcos, todos eles partindo sempre de um ponto de ancoragem já existente.

A ferramenta Arc também tem a sua caixa de opções. Dê um duplo clique sobre um arco para ativar a caixa Arc Segment Tool Options.

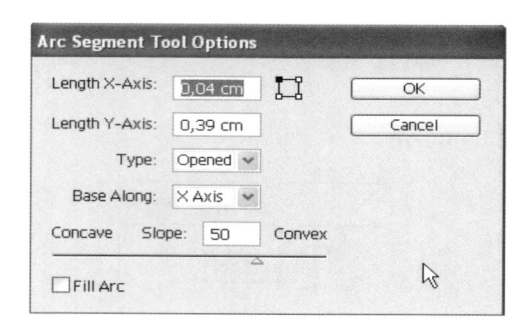

Existem outras ferramentas de desenho tal como arco, estrela e polígono. O funcionamento delas é similar ao que foi mostrado até aqui, mas lembre-se que cada uma tem particularidades e então o treino é fundamental.

Na figura abaixo, eu desenhei diversos polígonos um sobre os outros.

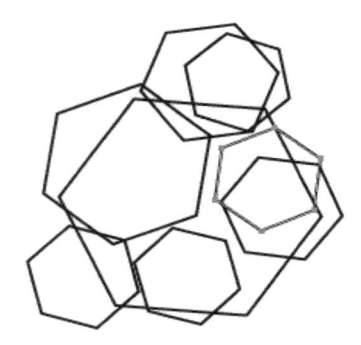

Aparentemente é um desenho sem pé nem cabeça. Essa é a idéia.

Repita esse desenho no seu Illustrator e depois use as técnicas de manipulação e exclusão de pontos de ancoragem para ver qual figura você conseguirá montar. Eu adoraria receber um e-mail com o resultado da sua criatividade.

Flare: uma ferramenta que fica escondida mas que pode ser de grande valia para o seu desenho

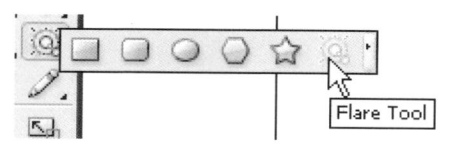

Veja o que ela é capaz de fazer apenas com o uso do mouse.

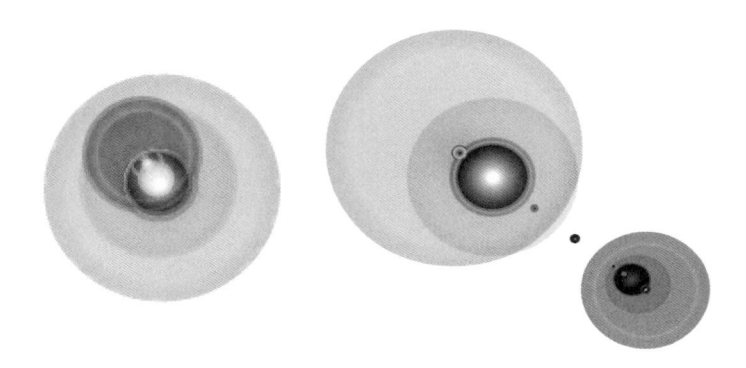

Antes de continuar a leitura do livro, refaça exaustivamente as técnicas apresentadas até aqui. Crie as suas próprias variações e brinque com as ferramentas. A partir deste ponto do capítulo, eu vou considerar que você já está bem familiarizado com algumas das ferramentas básicas do Illustrator.

Técnicas para uso com as ferramentas

O alerta que eu fiz acima é realmente importante, pois de nada adiantará você entender como funciona uma rotação de objeto ou como fazer para agrupar os objetos se não souber como criar um objeto qualquer.

Nesta seção vou dedicar a atenção à matemática da forma, onde um objeto *somado* a outro objeto *resulta* em um terceiro objeto. Parece confuso mas não é.

Para começar, desenhe um retângulo com a ferramenta Rectangle.

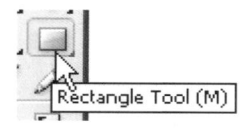

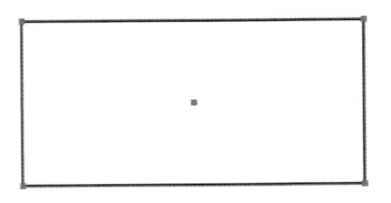

Novamente, atente para os pontos de ancoragem e o caminho existente na figura; e também lembre-se que ao dar um duplo clique sobre o segmento do retângulo a caixa Rectangle será exibida. Nela você poderá determinar a largura e altura do retângulo numericamente.

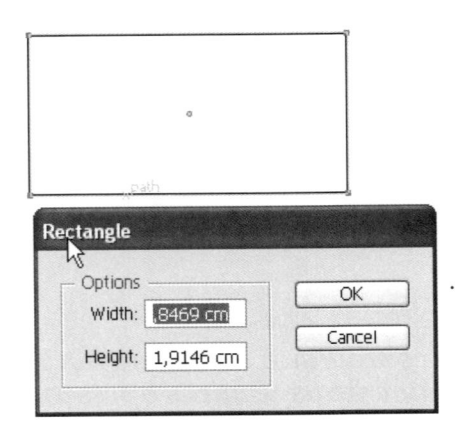

Se você quiser definir com precisão uma forma como um retângulo ou uma circunferência, pode usar a seguinte tática de guerra: Clique na ferramenta desejada e depois apenas clique (não arraste o mouse) sobre a área de trabalho. A caixa correspondente à ferramenta selecionada será exibida e você então poderá entrar com os valores de altura e largura do objeto.

Voltando ao retângulo, você poderá criar uma escada apenas utilizando diversos retângulos devidamente posicionados.

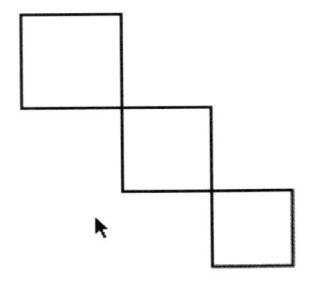

Depois de colocar um retângulo abaixo do outro, elimine os segmentos inferiores de cada retângulo.

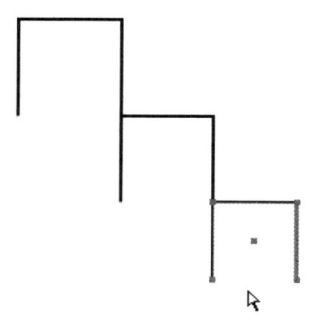

Agora, elimine os segmentos laterais que estão sobrando.

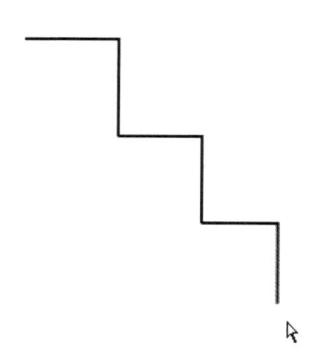

Repare que a escada está totalmente fora de padrão. Um degrau é mais alto que o outro. A causa desse problema foi eu não ter utilizado duas coisas:

a) zoom apropriado;

b) ter criado os retângulos com os mesmos tamanhos através da caixa Rectangle ou pelo menos ter copiado e colado o primeiro retângulo para que os demais tivessem o mesmo tamanho.

Você percebe agora como é fácil trabalhar com o Illustrator mas também como é fácil errar e ter que refazer todo um trabalho por uma coisa tão boba como um erro no tamanho de um dos elementos?

Agora, desenhe um círculo com a ferramenta Ellipse.

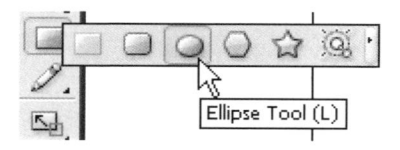

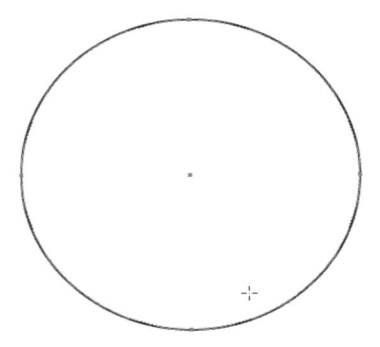

Em seguida desenhe uma estrela com 6 pontas com a ferramenta Star.

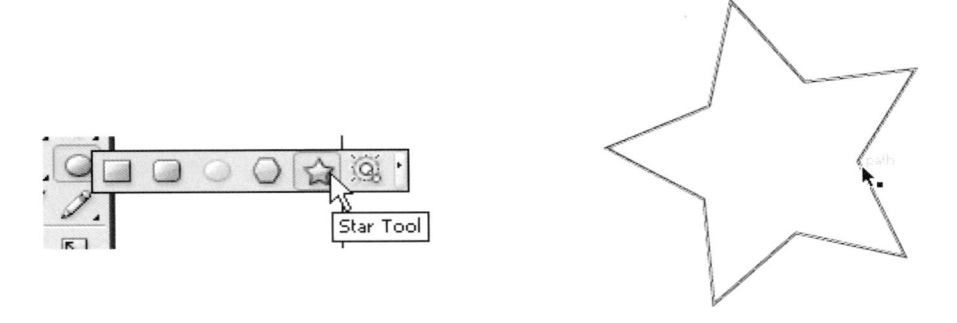

Opa, eu falei uma estrela com 6 pontas, mas o desenho saiu com 5. E agora?

Fácil, use a ferramenta Pencil e desenhe mais uma ponta....

Não, não, não.... não faça isso. Desenhar mais uma ponta com a ferramenta Pencil funciona mas não é a forma mais adequada de se fazer. Com a ferramenta Star selecionada, experimente dar um duplo clique sobre qualquer segmento da estrela.

A caixa Star será exibida.

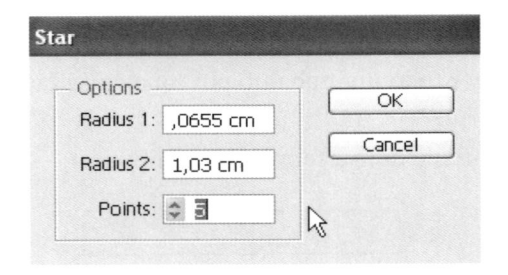

Nela, altere o valor de Points (pontas) para 6. Uma nova estrela será formada.

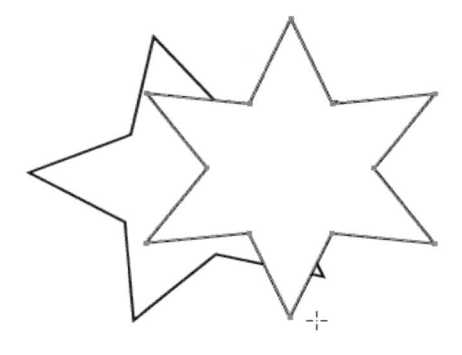

Com a ferramenta Selection, elimine a estrela anterior. Ainda com a Selection ativa, clique sobre a estrela que sobrou e arraste sobre o círculo criado anteriormente.

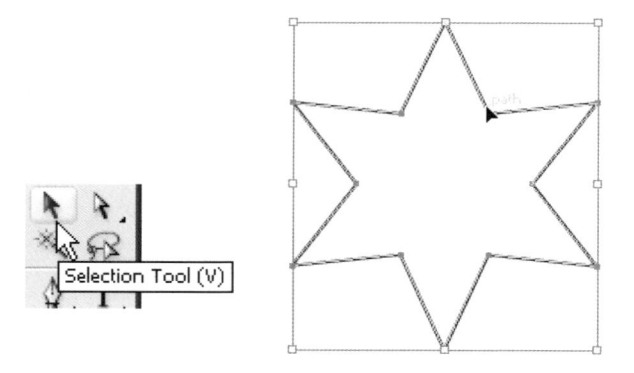

Com esse procedimento você terá dois desenhos em um só.

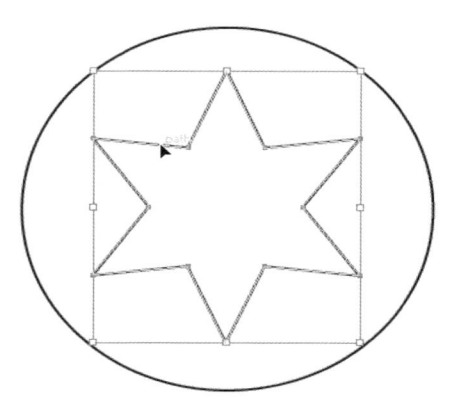

Mas não fique feliz, pois na verdade o Illustrator considera que a estrela é um desenho e o círculo é outro. Na hora que você for movimentar o desenho terá que assegurar que ambos irão se movimentar por igual e, para que isso ocorra, é preciso que os desenhos estejam agrupados, ou seja, sejam uma coisa só.

Com a ferramenta Selection ativa, arraste o mouse sobre os dois desenhos para selecionar tudo.

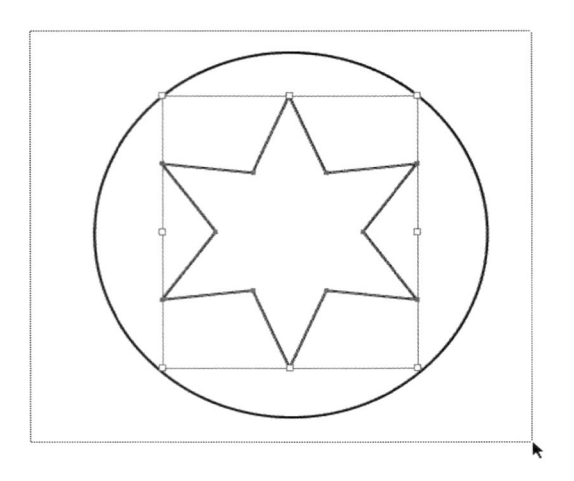

Em seguida, clique em Object > Group (agrupar).

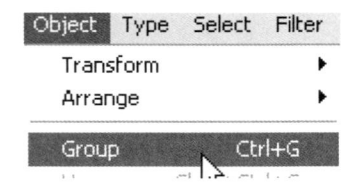

Agora sim, tudo é uma coisa só. Qualquer alteração será válida para todo o desenho.

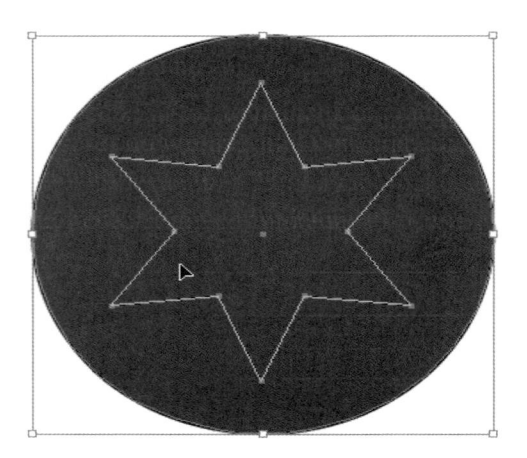

Agora que você já sabe como agrupar os objetos, tem que saber como desagrupar. Esse procedimento é extremamente delicado, complicado e chato. Requer uma concentração máxima para não fazer besteira.

Selecione o objeto e depois clique em Object > Ungroup (desagrupar)

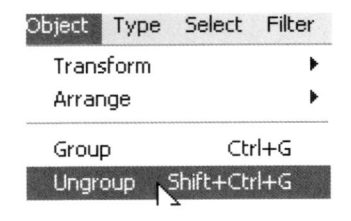

Veja bem, agrupar e desagrupar objetos é fácil, o problema é que o conjunto de objetos agrupados ou não é que pode tornar a coisa um tanto quanto difícil de ser manipulada.

Tente determinar na imagem abaixo quais objetos estão agrupados e quais não estão.

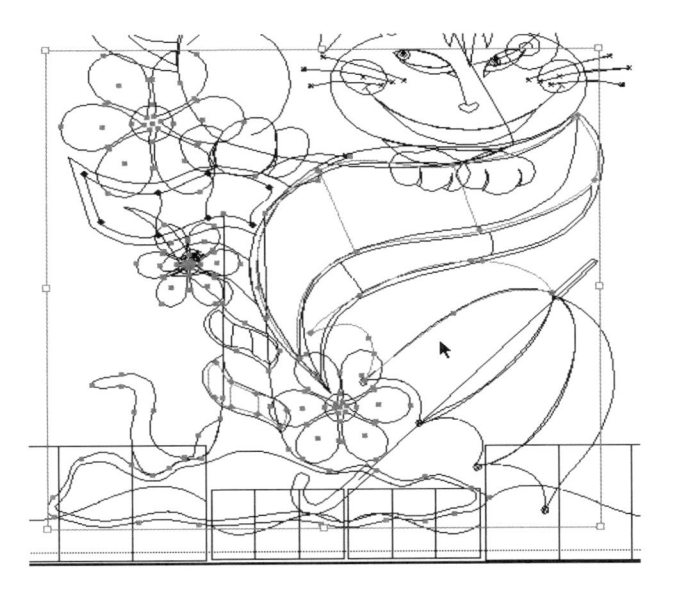

Agora, vamos combinar os objetos para obter um terceiro objeto. Crie dois retângulos e aplique cores diferentes no preenchimento de cada um deles. Lembre-se que para aplicar o preenchimento você tem que selecionar a cor na caixa de ferramentas.

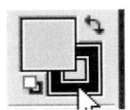

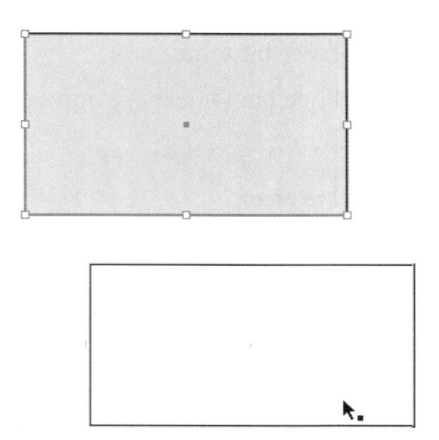

Pegue o retângulo de baixo e posicione sobre o de cima. Até aí nenhuma novidade tão grande a não ser o fato de você ter feito uma combinação simples para obter um outro elemento que pode ser agrupado para tornar-se uma coisa única.

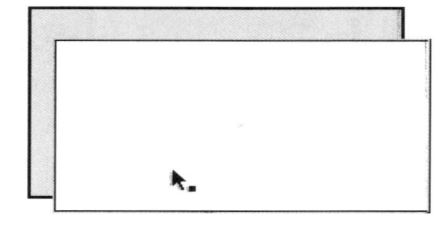

Mas a magia da coisa não é só jogar um objeto sobre o outro, e sim poder brincar com os objetos e com a criatividade.

Deixe as figuras uma sobre a outra sem agrupar e selecione Pathfinder no menu Window.

A paleta Pathfinder será exibida com diversas opções de combinações de elementos possíveis.

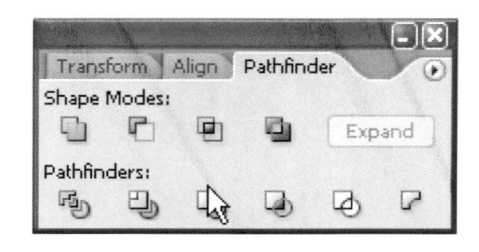

Selecione todos os objetos.

Em seguida aplique uma das opções (que são ilustrativas e não requerem tanto detalhamento).

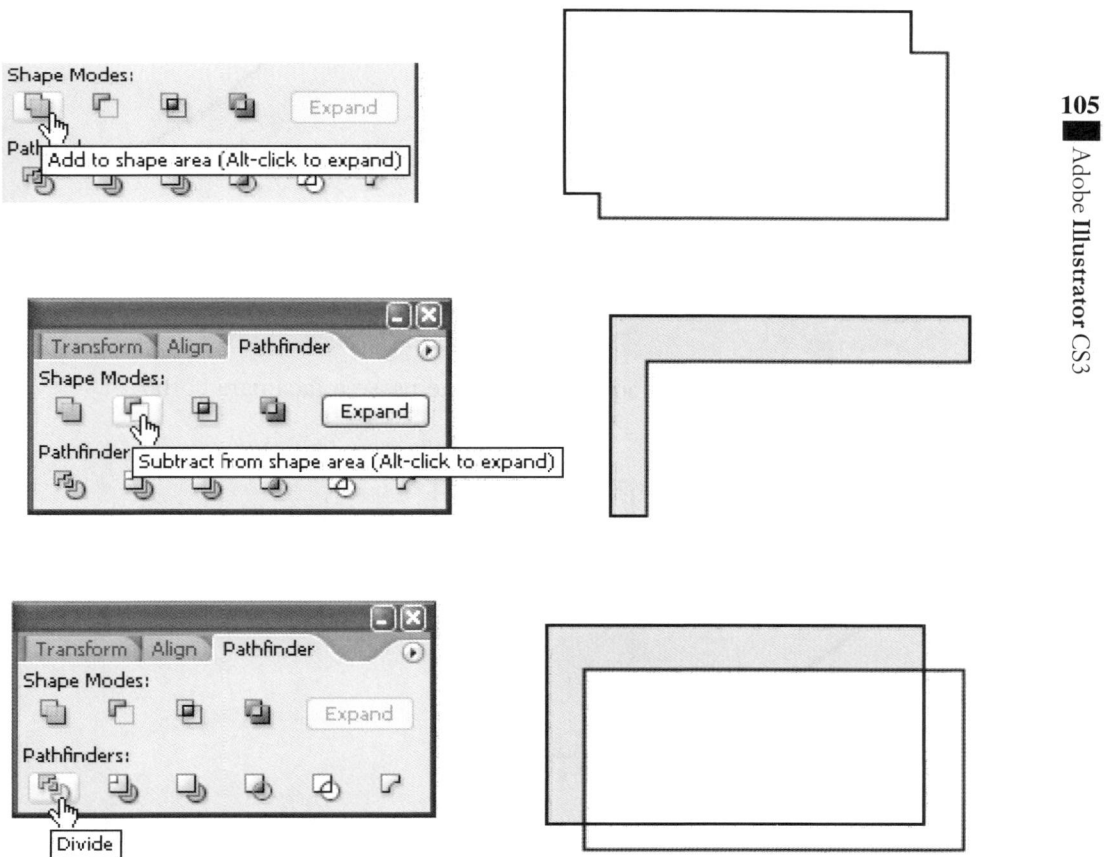

Não confunda Agrupar Objetos com Combinar objetos.

Experimente cada uma das variações e, principalmente, alterne entre as formas disponíveis (arco, estrela, círculo e etc).

O que o Pathfinder faz efetivamente é recortar e dividir os objetos para juntar ou eliminar as partes. O que seria uma operação complexa passa a ser extremamente simples.

Por outro lado, se você gosta de sofrer, pode utilizar as ferramentas Knife (faca) e Scissors (tesoura) para fazer o mesmo tipo de serviço que o Pathfinder faz.

Crie um objeto qualquer.

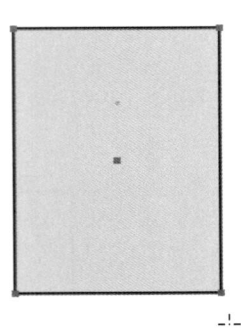

Selecione a ferramenta Knife.

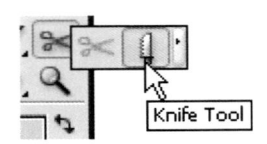

Agora, sobre o objeto desenhado simplesmente passe a faca para cortar.

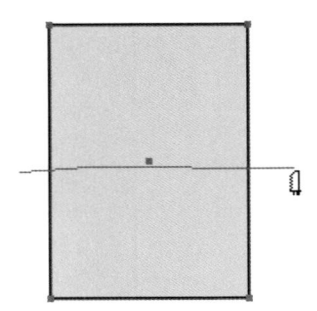

O objeto depois de cortado passará a ter duas partes quase que independentes uma da outra. Digo quase, pois alguns recursos você não conseguirá aplicar somente a uma das partes.

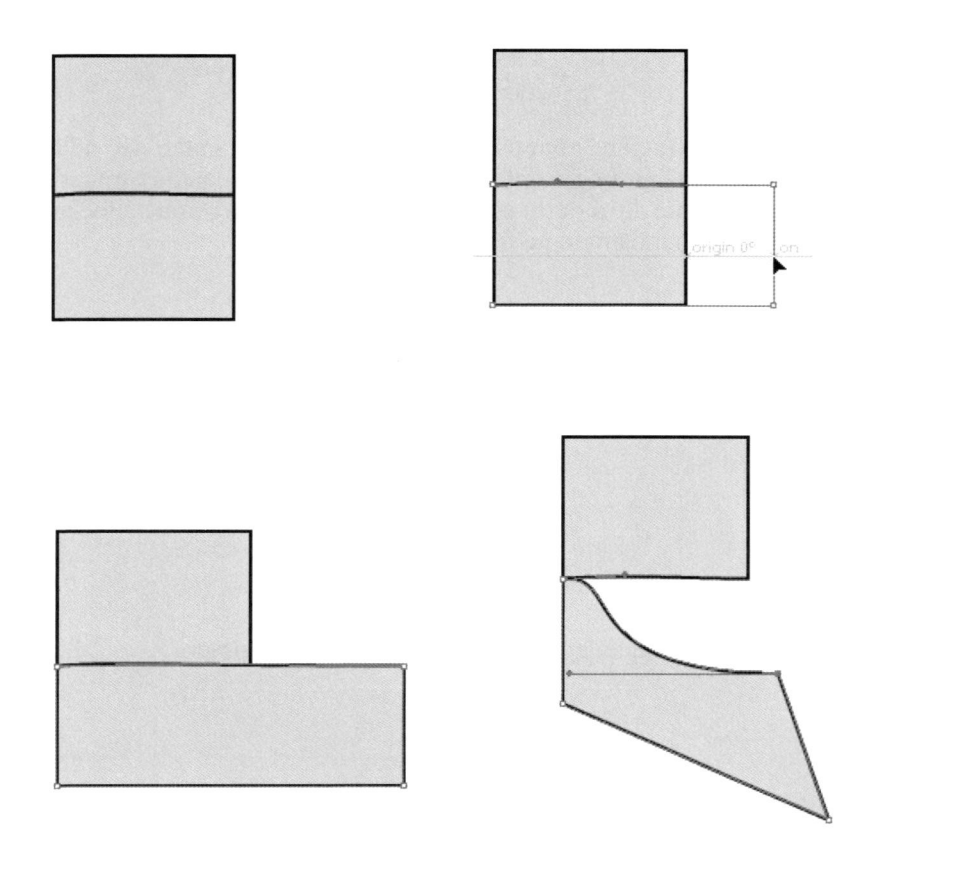

Caso você não saiba como eu fiz o procedimento acima, vou explicar: Primeiro selecione a ferramenta de seleção direta e clique sobre a parte inferior do retângulo. Arraste com o mouse um dos lados e então terá o efeito mostrado acima. Na última figura, você notará que existe uma certa curvatura no retângulo que foi criado. Essa curvatura foi obtida através da manipulação dos pontos de ancoragem e da linha azul que aparece ao centro do retângulo na figura acima.

Desfaça as alterações (Ctrl+z) até obter o retângulo original.

Em seguida, selecione a ferramenta Scissor.

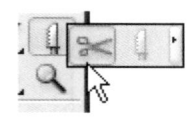

Essa ferramenta só funciona com os pontos de ancoragem, então não adianta clicar em qualquer lugar do retângulo. Eu optei por clicar em um dos cantos e traçar uma linha imaginária diagonalmente até a outra extremidade. Depois, pressione a tecla delete e o resultado será similar ao mostrado na figura abaixo.

Na figura abaixo, eu cliquei em 3 pontos para obter o resultado.

Você está conseguindo perceber o quanto é fácil o Illustrator e que tudo depende da forma que você visualiza os objetos?

Vou agora utilizar outros recursos do Illustrator e, se possível, eu gostaria que você utilizasse o arquivo Daycare.ait disponível na pasta samples do Illustrator.

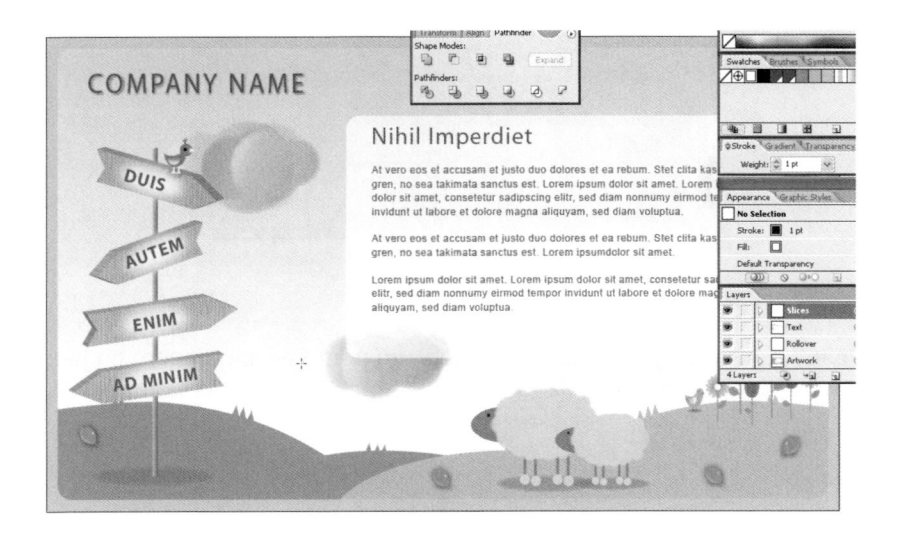

Observe que na parte inferior existem duas ovelhas. Clique com a ferramenta de seleção sobre elas e vamos nos divertir um pouco.

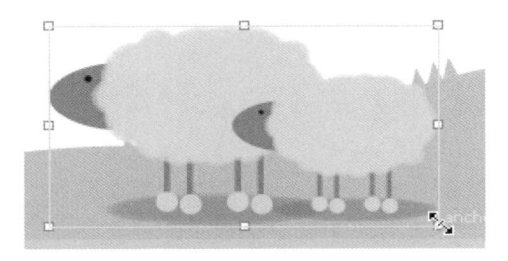

Clique sobre os pontos de ancoragem para ampliar ou reduzir o tamanho dos objetos arrastando o mouse.

Fácil, não? Agora, pare o mouse próximo a um ponto de ancoragem no momento em que o mouse estiver no formato de uma curva com seta em cada lado.

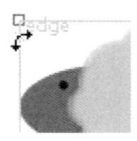

Nessa posição, é possível rotacionar o objeto selecionado.

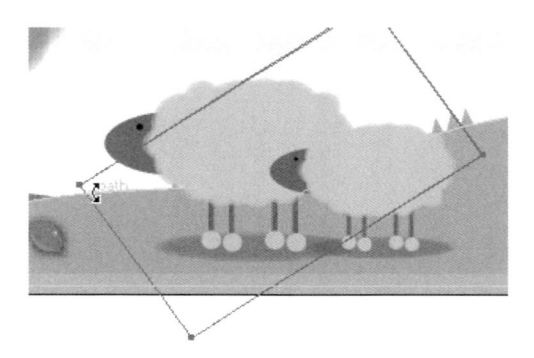

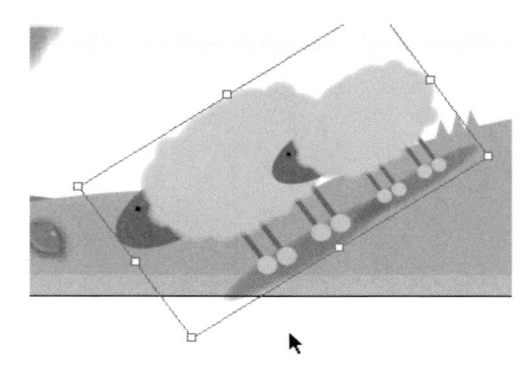

Experimente rotacionar o objeto pressionando a tecla Alt junto com o mouse e depois rotacione novamente pressionando a tecla Shift junto com o mouse.

Duas coisas importantes que você tem que atentar:

a) Eu decidi usar o exemplo da ovelha para você não ficar viciado em retângulos e estrelas apenas.

b) Esse procedimento de aumentar, diminuir e rotacionar pode e deve ser feito da forma que eu expliquei, porém em alguns casos você terá que usar ferramentas específicas tal como a Scale Tool, a Rotate e Free Transform Tool.

As três ferramentas estão disponíveis na caixa de ferramentas.

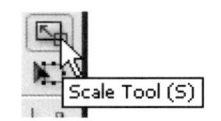

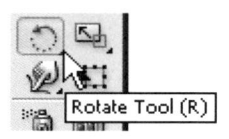

Um duplo clique sobre a ferramenta Scale abre a caixa Scale. Nela você pode informar o percentual que deseja para a o objeto. Mantenha a opção Preview ativa para visualizar o resultado.

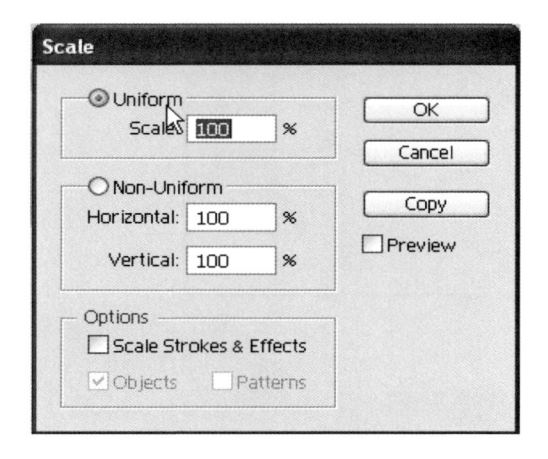

Duas linhas de conhecimento...
Cuidado com a escala. O que aparece na tela irá aparecer no papel.

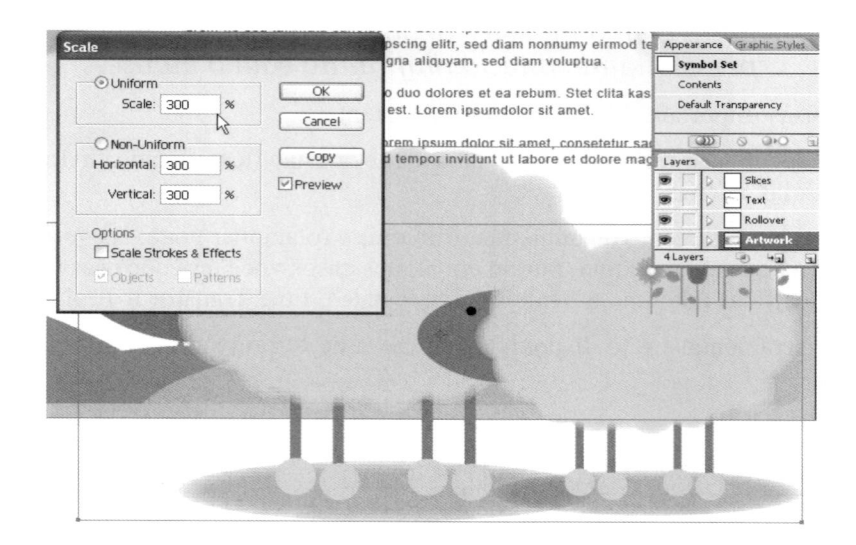

O mesmo ocorre com a Rotate Tool. Basta clicar duas vezes sobre a ferramenta para a caixa Rotate ser exibida e nela você inserir o valor desejado.

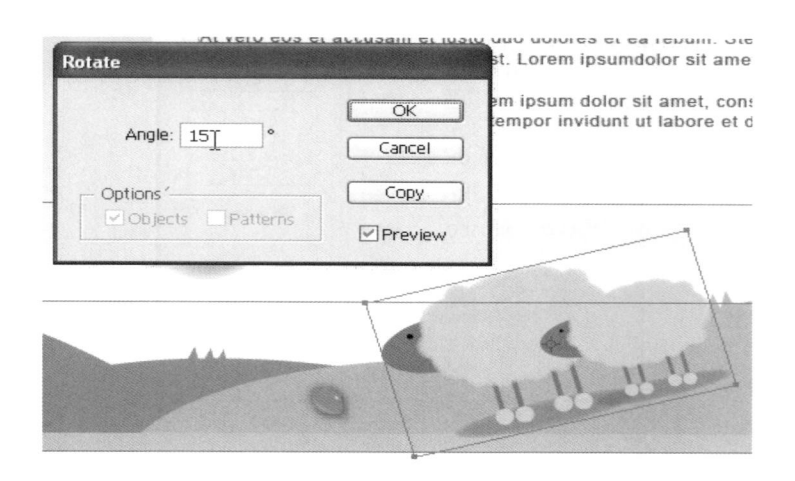

Acostume-se a sempre olhar atentamente para todos os comandos, paletas, caixas e menus do Illustrator. Sempre tem algo interessante escondido.

Reflexo

Quer criar um reflexo para um objeto qualquer? Que tal a ferramenta Reflect (reflexo)?

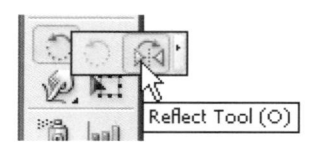

Com o desenho aberto, selecione a área que deseja refletir.

Clique na ferramenta reflect.

Clique sobre a figura e movimente o mouse.

Ao liberar o botão do mouse, o desenho assumirá a nova posição. Mas isso não é bem refletir, e sim rotacionar o objeto. Pois bem, dê um desfazer para o desenho voltar ao estado original.

Desta vez, ao clicar na ferramenta Reflect, observe que o cursor muda para o formato de cruz. Clique fora do desenho.

Um ponto será marcado.

Com o mouse, clique sobre o ponto e arraste de forma a levar o desenho para o lado oposto.

Pronto, agora sim o objeto foi refletido.

Se você quiser, pode até colocar um ao lado do outro agora.

Experimente sozinho utilizar a ferramenta Shear.

Algumas amostras do que a ferramenta Shear é capaz.

> *Duas linhas de conhecimento...*
> *Se sua máquina não for "potente", evite o copiar e colar de diversos objetos.*

Pena que o livro não tem 15 000 páginas. Garanto a você que conteúdo para escrever 15 000 páginas o programa tem e, com certeza, você não ficaria nem um pouco cansado em ler 15 000 páginas pois a cada página descobriria uma coisa nova.

Mas como não dá para publicar um livro desse tamanho, tive que optar por fazer um livro menor abordando tudo o que realmente você irá usar na sua jornada com o Illustrator e deixando para outros livros as coisas mais obscuras e que nesse livro serviriam apenas para assustar.

4

olha mãe, aprendi a escrever!

É indescritível a felicidade de nossos pais quando conseguimos fazer alguns garranchos e eles teimam em dizer que é uma frase completa. Pai é tudo bobo... mãe então, nem se fala.

Se alguns garranchos já fazem a festa dos pais, imagine a reação deles ao ver um texto seu todo trabalhado no Illustrator. Tudo aquilo que você sempre desejou fazer com os textos no Word ou qualquer outro editor de texto e nunca conseguiu é possível de ser feito no Illustrator. Observe que estou referindo-me exclusivamente ao termo texto. Não tente refazer no Illustrator aquelas malditas tabelas que o Word consegue fazer.

Neste Capítulo...

Textos	Colunas	Hifenização	Warp
Lasso	Find	Replace	Fontes
Formatação	Tabulação	parágrafos	
Fluxo de texto			

Portanto, pense assim: Muitos daqueles maravilhosos efeitos e técnicas aplicados ao textos que você vê nos anúncios nas revistas podem ser produzidos com o Illustrator e, a partir de agora, você não precisa mais ficar decepcionado por depender do Word para dar uma melhorada no texto do anúncio que você está produzindo.

Antes de começar a manipular texto no Illustrator, você precisa saber:

- ❏ As ferramentas de edição de texto no Illustrator são similares às existentes no Photoshop, no InDesign e em outros programas. Claro que de um programa para outro existem algumas particularidades na aplicação das ferramentas de textos;
- ❏ Você pode importar ou colar textos de outros aplicativos no Illustrator
- ❏ O Illustrator é melhor que o Word para criar efeitos para textos, mas fica a anos luz de distância se comparado com o InDesign;

Para criar um texto no Illustrator, selecione a ferramenta Type na caixa de ferramentas.

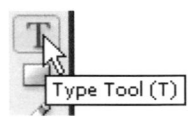

O cursor mudará de forma e estará pronto para que você indique em qual local deseja digitar o seu texto.

Sobre a área de trabalho, clique e arraste o cursor até obter uma área suficiente para caber o seu texto inteiro ou pelo menos uma pequena parte dele.

Digite o seu texto.

A cor e a forma que o texto aparecerá dependerá de como está configura o seu Illustrator. No exemplo acima, eu digitei um texto que coube no exato espaço que eu criei para ele. Agora, vamos supor que o texto é maior do que a área aberta.

Clique sobre o texto que digitou e posicione o cursor ao final do texto (use a setas de direção do teclado).

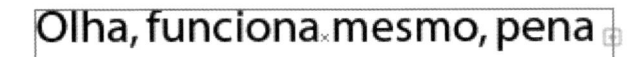

Um pequeno sinal de + aparece ao lado direito da caixa de texto. Esse sinal indica que existe mais texto perdido em algum lugar do espaço. Na verdade, o texto está presente só não há espaço suficiente para exibi-lo.

Com a ferramenta de seleção, clique sobre o sinal de +, segure e arraste o mouse até obter uma caixa de texto que comporte todo o texto.

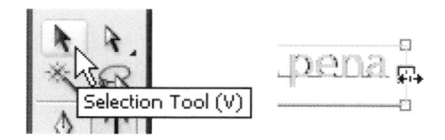

Da mesma forma que aumentei a caixa para a direita, eu poderia ter aumentado para qualquer outra direção.

Para visualizar o texto final, clique com a ferramenta de seleção em qualquer parte da área de trabalho.

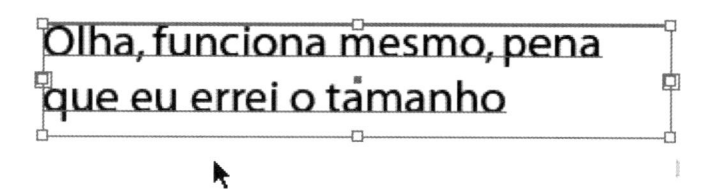

Olha, funciona mesmo, pena que eu errei o tamanho

O Illustrator sabe, e muito bem, gerenciar textos e assim o fator tamanho do texto, ou seja, a quantidade de caracteres não é tão fundamental para o Illustrator. O problema maior quando você manipula uma quantidade muito grande de texto no Illustrator é o fato de alguns processos tornarem-se extremamente dolorosos além de ficar uma estética um tanto quanto horrível. Abaixo, um pequeno parágrafo que foi digitado no Illustrator.

Nota, em virtude da vasta gama de plug-ins disponíveis por ai a fora, não vou explicar o funcionamento de cada um mostrado aqui. Use essa seção como se fosse uma galeria de alguns plug-ins e, principalmente, treine esses e diversos outros plug-ins.

Antes de começar, caso tenha dúvidas sobre como instalar plug-ins no Photoshop, volte ao início do livro e leia a seção correspondente ou então consulte o manual do programa.

Utilizarei apenas uma imagem disponível na pasta sample do Photoshop para exemplificar o uso dos plug-ins aqui apresentados.

Agora, um *senhor* texto também digitado no Illustrator.

> A Lei nº 10.865, de 30.04.2004 (DOU – 30.04.2004 – Ed. Extra), que resultou da conversão da Medida Provisória nº 164, de 29.01.2004 (DOU – 29.01.2004 – Ed. Extra), dispõe que:
>
> Art. 1º – Ficam instituídas a Contribuição para os Programas de Integração Social e de Formação do Patrimônio do Servidor Público Incidente na Importação de Produtos Estrangeiros ou Serviços – PIS/PASEP-Importação e a Contribuição Social para o Financiamento da Seguridade Social Devida pelo Importador de Bens Estrangeiros ou Serviços do Exterior – COFINS-Importação, com base nos arts. 149, § 2º, inciso II, e 195, inciso IV, da Constituição, observado o disposto no seu art. 195, § 6º.
> § 1º – Os serviços a que se refere o caput são os provenientes do exterior prestados
> por pessoa física ou pessoa jurídica residente ou domiciliada no exterior, nas seguintes hipóteses:
> I – executados no País; ou
> II – executados no exterior, cujo resultado se verifique no País.
> § 2º – Consideram-se também estrangeiros:
> I – bens nacionais ou nacionalizados exportados, que retornem ao País, salvo se:
> a) enviados em consignação e não vendidos no prazo autorizado;
> b) devolvidos por motivo de defeito técnico, para reparo ou para substituição;
> c) por motivo de modificações na sistemática de importação por parte do país importador;
> d) por motivo de guerra ou de calamidade pública; ou
> e) por outros fatores alheios à vontade do exportador;
> II – os equipamentos, as máquinas, os veículos, os aparelhos e os instrumentos, bem como as partes, as peças, os acessórios e os componentes, de fabricação nacional,

Observe que o texto ocupou totalmente a área de trabalho. Se você estiver com um problema similar, não pense duas vezes: jogue o texto para o InDesign e trabalhe lá, com toda calma e perfeição.

Lembre-se sempre que o Illustrator não é um editor de texto. Apesar de você poder criar e manipular uma grande quantidade de texto no programa, eu não recomendo que o faça.

Opte por criar o texto em um programa específico e depois exportá-lo para o Illustrator.

Técnicas de edição

No início do capítulo eu falei que o Illustrator consegue fazer maravilhas que o Word não faz. Está lembrado? Pois bem, além de fazer *coisas* que o Word não faz, o Illustrator também faz coisas que o Word faz.

Se o seu texto for muito grande como no exemplo acima, você pode utilizar o comando Find and Replace (localizar e substituir) para encontrar e substituir uma determinada palavra ou frase. Clique em Edit > Find and Replace .

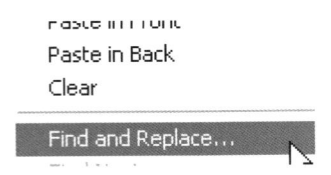

Você não precisa estar com a ferramenta Type selecionada para ativar o comando Find. O comando Find and Replace trabalha em todo o documento aberto e não somente nas áreas em que estejam sendo visualizada no momento da busca. Então, tome cuidado ao fazer uma busca e troca de palavras.

Na Caixa Find and Replace, entre com o termo a ser localizado.

Se você clicar no botão Find, o Illustrator irá procurar a primeira ocorrência do termo em todo o documento. Se você digitar algum texto na caixa Replace with (substituir por) e em seguida clicar no botão Find, o Illustrator irá localizar a primeira ocorrência do termo *dispõe* e tão logo o encontre o botão Replace será ativado e você poderá clicar sobre ele para substituir o termo *dispõe* pelo conteúdo da caixa Replace With.

Não vou entrar muito no mérito do comando Find and Replace pois ele é muito similar ao seu irmão Wordiano.

Se você pensou que as semelhanças com o Word ou qualquer outro editor estão restritas ao comando Find, está muito enganado. O Illustrator tem entre outros recursos um verificador de ortografia que está disponível em Edit > Check Spelling.

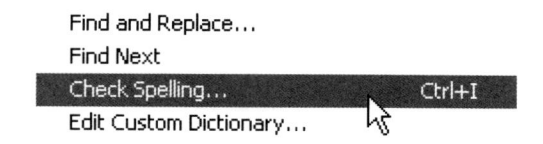

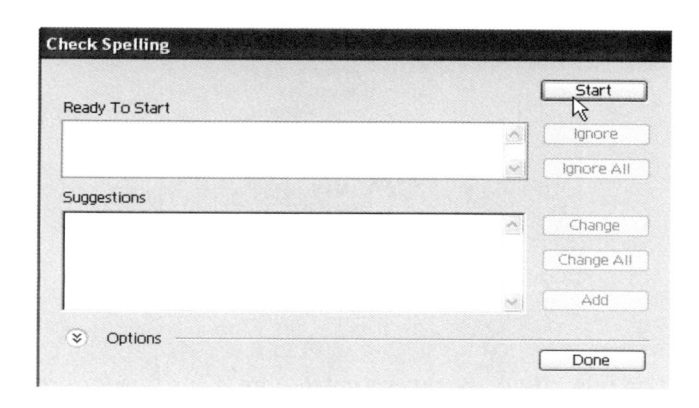

Para iniciar a verificação, clique no botão Start (iniciar) e o Illustrator mostrará a ocorrência de palavras duvidosas.

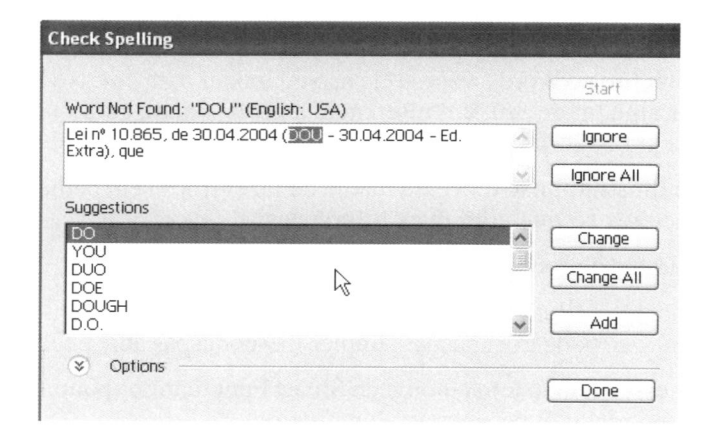

O dicionário mostrado no exemplo acima está configurado para o idioma Inglês. Você precisa alterar a configuração do Illustrator para que ele reconheça o Português. Para isso, clique em Edit > Preferences > Hyphenation e escolha Portuguese na lista existente em Default Language (linguagem padrão).

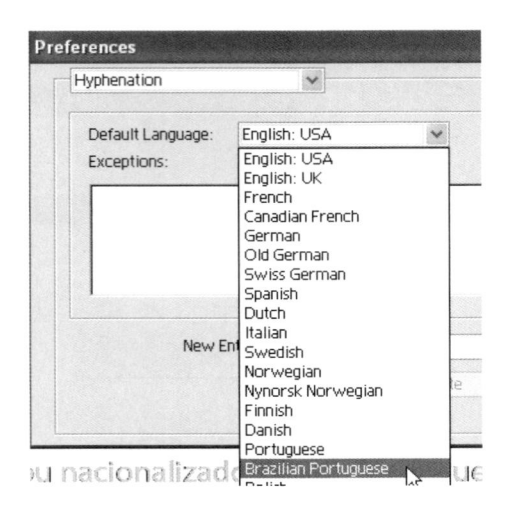

Também não vou falar, digo, escrever muito sobre o verificador ortográfico pois ele também é similar ao existente no Word.

E se você continua pensando que as semelhanças com o Word param por aqui, está novamente enganado. Tem muito mais pela frente.

Você já deve ter chutado a máquina algumas vezes quando está digitando algo e o Word automaticamente substitui a palavra por outra que ele considere a grafia correta. Experimente digitar *pro* no Word e veja se ele não irá mudar para *por*. No meio corporativo é comum chamar alguém de *pro*, em referência a profissional, então nada mais natural do que o uso da expressão *pro*.

Felizmente, o Illustrator não tem essa mania de fazer troca sem pedir autorização, ele até troca os caracteres só que com duas diferenças:

- ❐ No Illustrator o processo realmente funciona;
- ❐ Infelizmente o Illustrator não troca palavras, apenas alguns caracteres. Por exemplo, você pode trocar aspas simples (3) por aspas abre e fecha ("nononon").

No Illustrator esse recurso tem o nome de Smart Punctuation (pontuação inteligente) e está disponível no menu Type > Smart Punctuation.

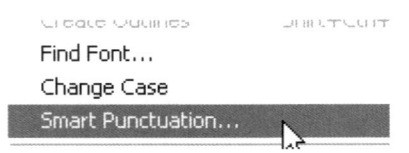

Ao clicar sobre Smart Punctuation, a caixa Smart será exibida.

Duas linhas de conhecimento...
Mesmo com o dicionário em português é bom ler o texto antes de concluir o trabalho.

Nela você poderá determinar quais os elementos serão modificados. Fique atento ao seguinte fato: o Illustrator não troca os caracteres durante a digitação. Você precisa digitar o texto primeiro (ou importar), selecionar o texto desejado e então executar o comando Smart Punctuation. Eu recomendo que você utilize o Smart... para padronizar o seu texto e evitar a ocorrência de pequenos erros. Não pense que o Smart fará milagres pelo seu texto pois isso é tarefa sua e do seu editor de texto.

Mais adiante falarei sobre outros recursos de edição de texto que estão disponíveis no Illustrator e que são similares aos existentes em processadores de texto. Mas por enquanto, vamos voltar a nossa atenção para a manipulação do quadro de texto pois isso será fundamental para você poder *encaixar* o texto no desenho. Encaixar quer dizer: fazer com que o caiba no lugar reservado para ele. Na figura abaixo, temos um desenho com um texto relativamente grande para o tamanho do desenho.

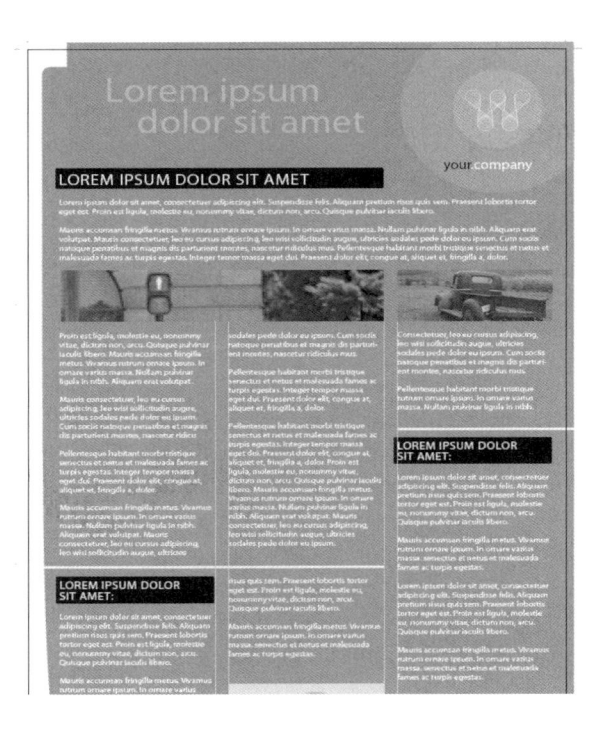

Repare que o desenho acima é na verdade uma página de revista. Perceba que mesmo o Illustrator não sendo um programa de edição de páginas como o PageMaker ou o InDesign você pode sim editar uma revista ou um jornal nele. Claro que o trabalho será bem maior, porém não é impossível.

O desenho acima é o conteúdo do arquivo brochure.ait da pasta Tech 2 disponível nos Templates do Illustrator. Recomendo que você abra o arquivo para ver como foi criado o material.

Voltado ao *encaixar*, repare que o criador do arquivo teve que criar diversas caixas de texto para trabalhar. O procedimento adotado é o mesmo que seria adotado em qualquer programa de edição de página mas como já disse, pode ser bem mais trabalhoso dependendo do produto final esperado.

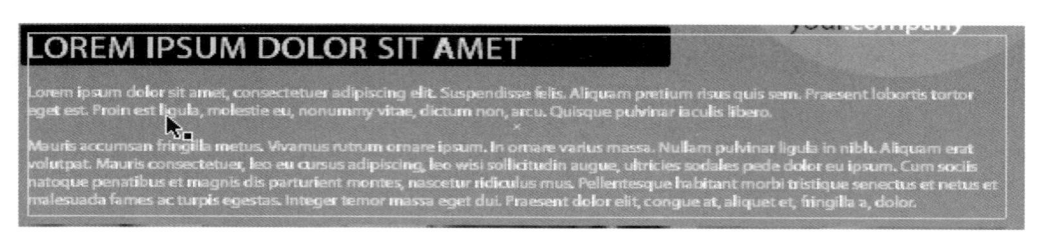

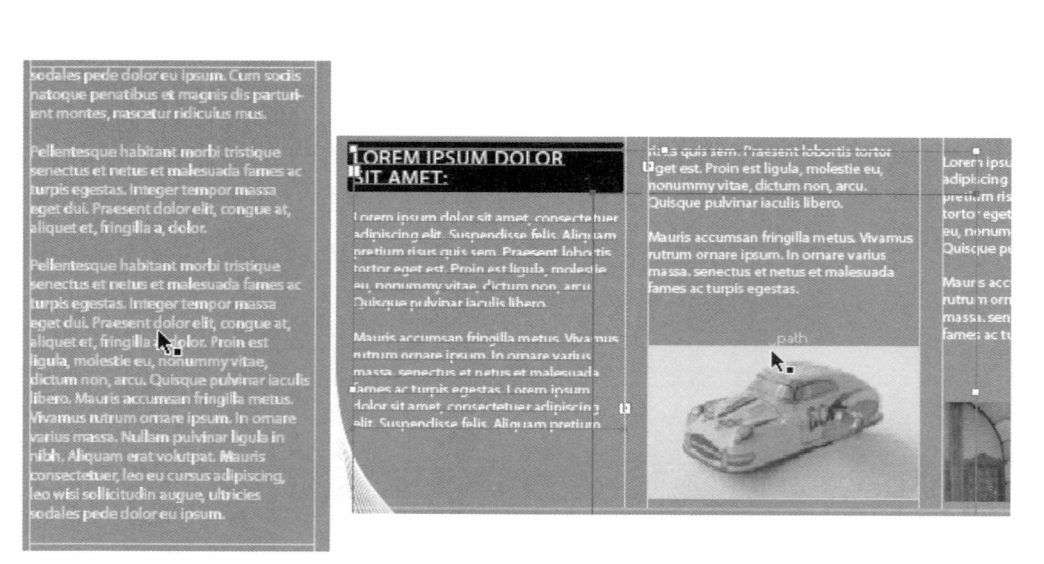

Na última figura acima, observe a existência de um fio ligando um quadro de texto ao outro. Se você já leu o livro InDesign, saberá que isso significa que um quadro termina em um determinado local e continua em outro, ou seja existe uma ligação entre eles.

Qualquer alteração no texto do primeiro quadro fará com que o texto do segundo quadro mude de posição, sem perder a forma que é delimitada pelo quadro. Observe que o segundo quadro começa com *risus*, ao excluir algumas palavras do quadro anterior a primeira palavra do segundo quadro não mais será *risus*.

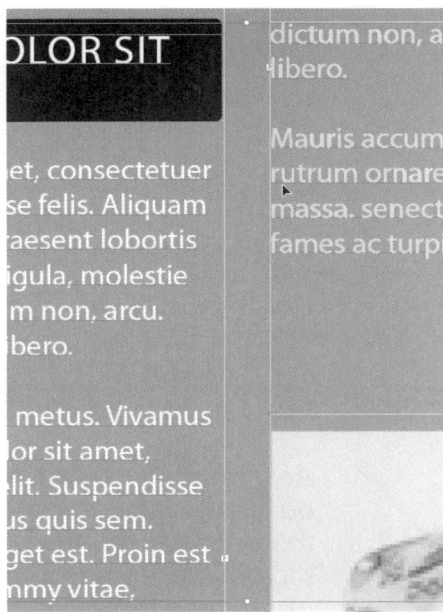

Um problema que você precisa ficar bem atento para não ocorrer com você é gerado quando você tenta deletar um quadro ligado a outro. Ao fazer isso, todos os quadro são excluídos automaticamente, mesmo que só o primeiro tenha sido selecionado com a ferramenta de seleção. Na figura abaixo, selecionei só o primeiro quadro.

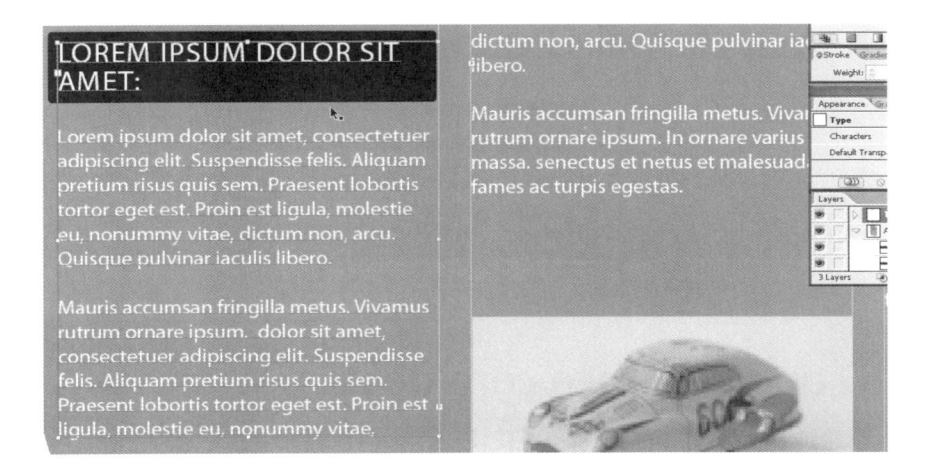

Após pressionar a tecla delete, todo o conteúdo foi excluído e um novo texto (de algum outro quadro) foi *puxado* para o local.

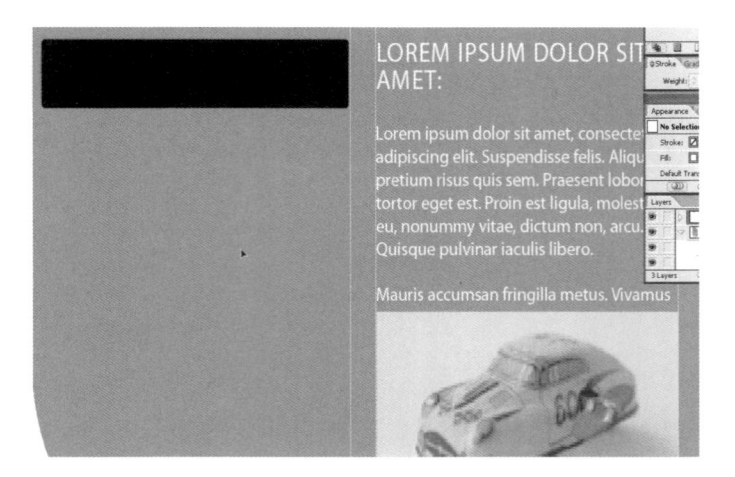

Acostume-se com o termo box de texto, quadro de texto ou caixa de texto pois eles são bastante utilizados. Tanto faz usar um ou outro pois os três são aceitos no meio técnico. Matéria é o nome dado ao conteúdo de um quadro de texto.

Você lembra dos recursos de girar, escalar e outros que foram aplicados aos objetos no capítulo anterior, pois bem, você pode aplicar alguns desses recursos aos quadros de texto. Veja abaixo uma figura com o quadro normal:

Começando a brincar com o quadro.

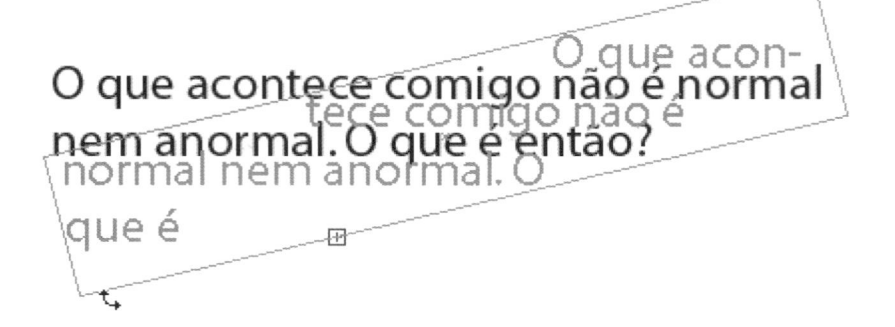

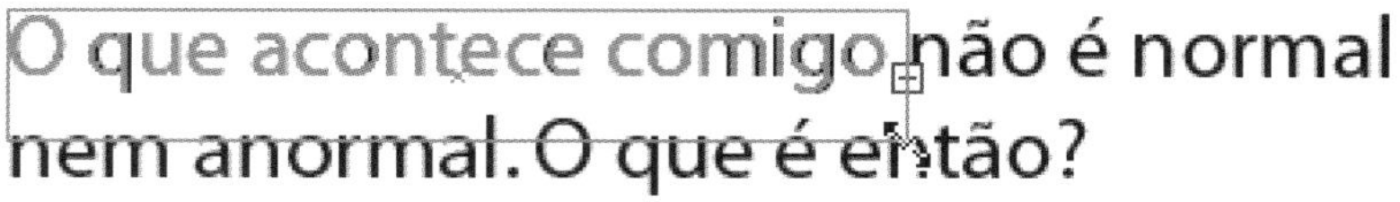

Clique com o botão direito do mouse sobre o quadro e escolha Transform. Algumas opções de transformação serão apresentadas para você aplicar diferentes efeitos ao quadro.

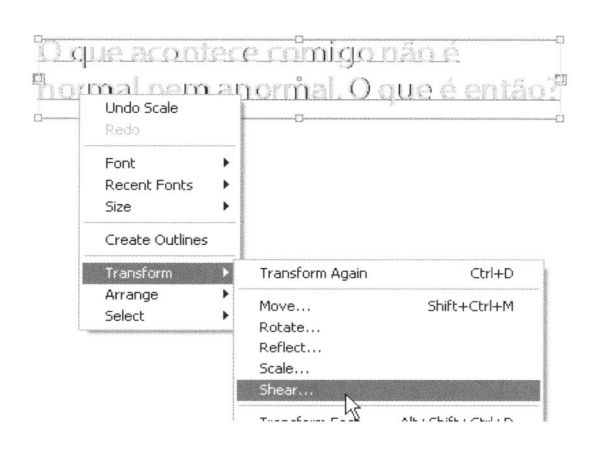

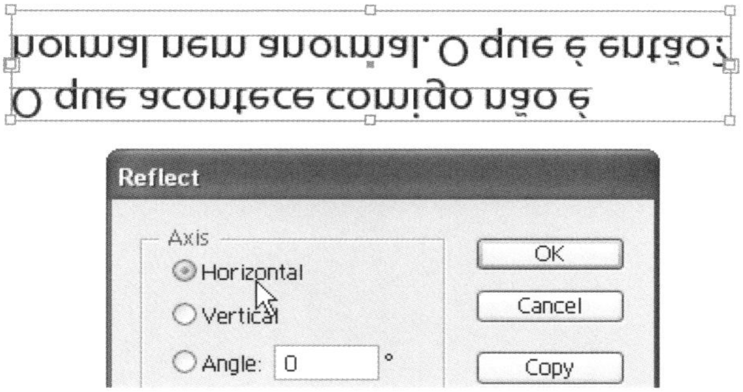

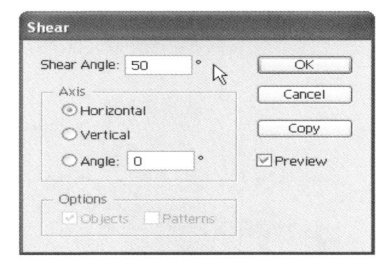

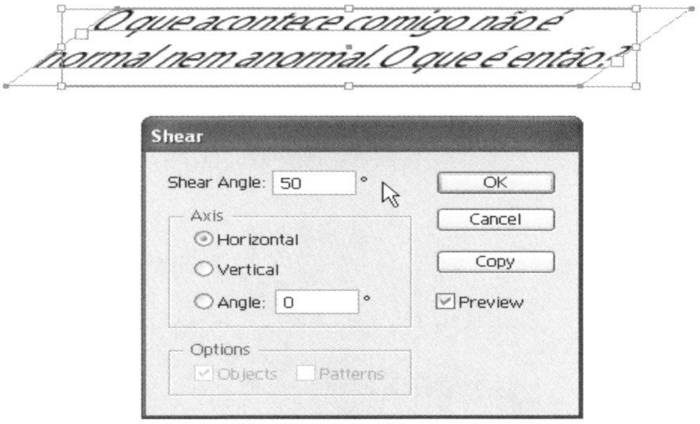

Alguns recursos só estarão disponíveis para serem aplicados aos quadro de texto após a conversão dos quadro em Outline. Para converter, clique com o botão direito do mouse sobre o quadro e selecione Create Outlines.

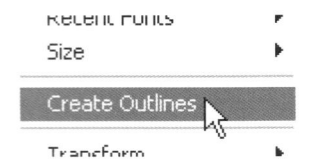

Aparentemente nada irá acontecer com o quadro e com o seu conteúdo, mas caso não faça isso ao tentar usar a ferramenta Warp por exemplo receberá uma mensagem de erro informando que o quadro não foi convertido.

Depois de convertido o quadro, selecione novamente a ferramenta Warp e clique sobre o quadro. Sem soltar o ponteiro do mouse, movimente-o para ver o que acontece com o texto.

Observe que até agora brincamos com o quadro de texto como um todo. Se você quiser, pode limitar as ações a apenas um pequeno pedaço do quadro. Para isso é necessário usar a ferramenta lasso (laço) e o quadro precisa estar convertido para Outline.

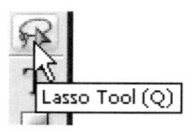

Se não souber usar a ferramenta Lasso, leia o livro Photoshop Guia Prático e Visual. Nele você encontrará informações sobre essa e outras ferramentas comuns ao Photoshop e ao Illustrator que não abordarei em detalhes nesse livro.

Com a Lasso, selecione a área que deseja trabalhar dentro do quadro.

O que acontece comigo não é normal nem anormal. O que é então?

O que acontece comigo não é normal nem anormal. O que é então?

Repare que só a área dentro do laço foi selecionada. Agora, clique na ferramenta Warp e movimente o mouse sobre o quadro. As alterações ficam limitadas à seleção.

O que acontece comigo não é normal nem anormal. O que é então?

O que acontece comigo não é normal nem anormal. O que é então?

Mais uma vez o velho conselho: treine as técnicas que foram mostradas até aqui e, principalmente, seja curioso. No máximo, você terá que reinstalar o Illustrator novamente caso o programa comece a ficar meio louco e desobediente por causa das suas curiosidades.

Tente fazer esses exemplos no Word ou qualquer outro processador. Parecido pode até ficar, mas duvido que você consiga uma gracinha igual a mostrada nas figuras.

Formatando o texto, não o HD

Hoje, até os e-mails e as mensagens via Messenger ou Skype são formatadas, ou seja, recebem atributos relativos ao tamanho, cor, estilo de letra e etc...

No Illustrator, já que estamos tratando de design, não poderia deixar de existir tal recurso. Tal como ocorre nos processadores, no Illustrator você pode formatar não só as fontes mas também os parágrafos dos textos. Cabe eu ressaltar, portanto, que não vou falar muiiiiiiiito sobre formatação de texto pois é um recurso comum a todos os programas atualmente, mas é claro que não vou deixar de mostrar onde esses recursos se escondem dentro do Illustrator bem como apresentarei coisas diferentes para a sua diversão.

Quando o assunto é texto, a palavra fonte vem rapidinho na cabeça. Mudar a fonte do texto que estamos trabalhando para fugir do padrão "máquina de escrever" é uma das primeiras coisas que se faz ao digitar um texto qualquer. No Illustrator, as fontes disponíveis são as que estão dentro da pasta Windows > Fontes do seu sistema. Dentro do programa, você pode visualizar e escolher a fonte que deseja utilizar clicando em Type > Font (fontes)

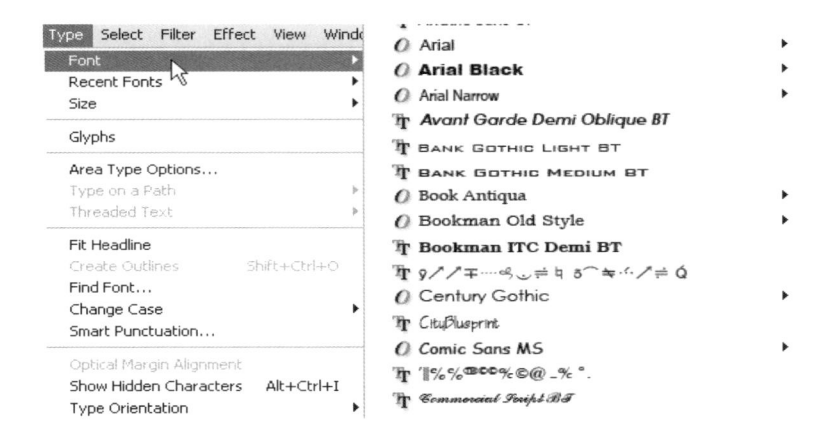

Será exibido uma lista com todas as fontes disponíveis e suas variações. O bom é que você pode visualizar no próprio menu o estilo (a aparência) da fonte antes mesmo de aplicá-la ao texto. Ainda no menu Type, um pouco abaixo de Font está localizado o menu Size (tamanho) que permite a mudança no tamanho do corpo da letra.

Nas figuras abaixo, você verá uma seqüência de variação de fontes e tamanhos para um mesmo texto.

O que acontece comigo não é
normal nem anormal. O que é então?

O que acontece
comigo no normal

O que acontece comigo no normal nem
anormal. O que ento

☐ que acontece comigo
não é normal nem an-

☐ que acontece comigo não é normal nem
anormal. ☐ que é então?

Observe que de acordo com a fonte, o comprimento do texto pode ser modificado e, principalmente, alguns caracteres podem não ser reconhecidos pelo sistema. Caso a fonte utilizada não reconheça um ou mais caracteres ou você precise utilizar um caractere especial em seu texto, faça uso da opção Glyphs.

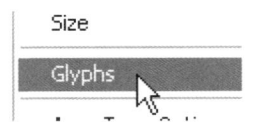

Com ela é possível inserir no texto caracteres não disponíveis no seu teclado e/ou em determinada fonte.

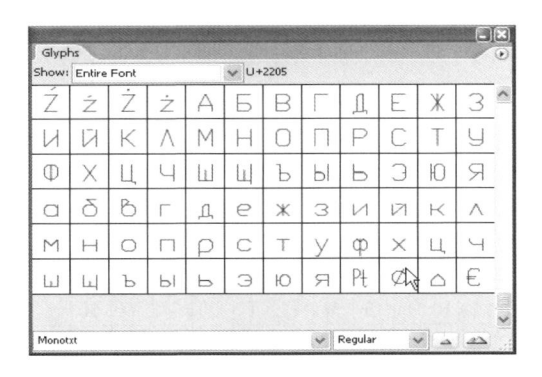

Selecione a fonte desejada na parte inferior da caixa Glyphs e os caracteres especiais serão exibidos.

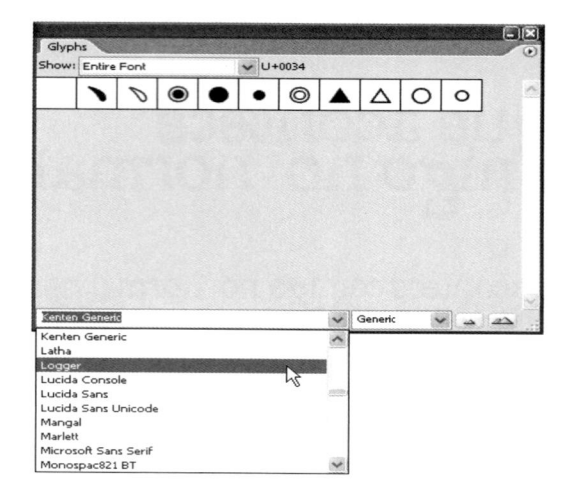

Observe que você poderá inserir símbolos também utilizado a glyphs e, o que é melhor, ela funciona como uma pré-visualização dos tipos de letras instalados no seu sistema.

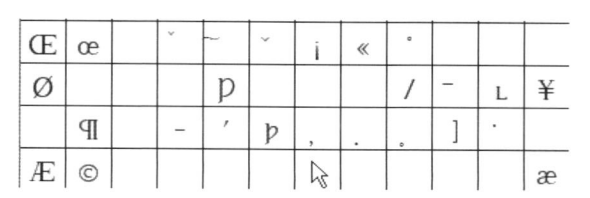

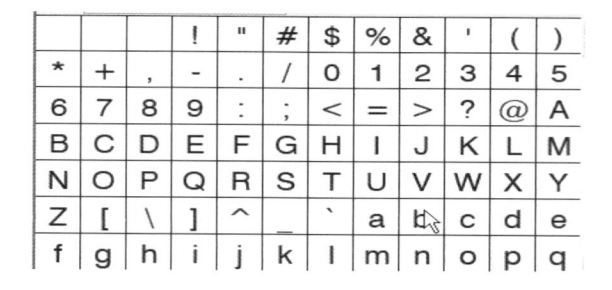

Para alterar a fonte ou o tamanho, lembre-se de selecionar o quadro ou o texto.

uma letra aqui com outra letra ali e temos um parágrafo...

Depois de definir o tipo de letra e o tamanho que será utilizado, você precisará definir as configurações para o parágrafo, considerando que você esteja trabalhando com um texto composto de mais de 5 palavras pelo menos.

Formatar parágrafo no Illustrator é tão simples quanto formatar em qualquer editor de texto, ou seja, facilmente você pode alinhar o texto, definir margens, definir recuos e etc...

Por isso, não vou ficar muito preso às técnicas de formatação de parágrafo. O que você precisa saber é onde está cada ferramenta para poder utilizar. Digite um texto qualquer.

O que acontece comigo não é normal nem anormal. O que é então?
Só sei que as vezes sinto vontade de ter uma vida igual a de um gato. Mas gato chique, não um gato qualquer.
Comida farta, nenhuma preocupação, habilidade, agilidade e tudo o que um gato tem de bom. Pena que na vida real isso seja mero devaneio.
Já dizia a música, sim aquela famosa música que tocava na rádio quando eu tinha apenas 8 anos. Você lembra?

Preste atenção ao seguinte: formatar quer dizer dar uma aparência especial ao objeto seja ele um caractere, uma palavra, um parágrafo inteiro ou um longo texto. Portanto, antes de formatar algo lembre-se de **selecionar o que você quer formatar**.

Selecione apenas algumas palavras do seu texto.

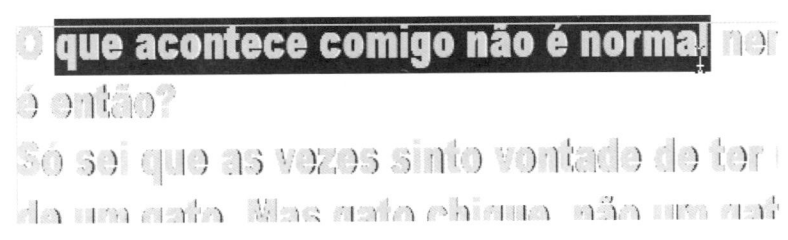

Clique em Window > Type > Character.

A paleta Character sera exibida. Nela você poderá determinar diversas configurações tais como fonte, tamanho, kerning e outras. Ah, você não sabe o que é um kerning? Leia o quadro **Sobre a paleta Character e Paragraph** um rápido entendimento.

Apenas para efeito de aprendizado, altere os valores da paleta Character e veja o resultado no texto.

A medida que você altera os valores, o texto é modificado e passa a exibir as novas características.

Repare que como a seleção se deu sobre algumas palavras as alterações incidiram sobre todas elas mas isso não significa que você não possa selecionar apenas uma única letra ou símbolo.

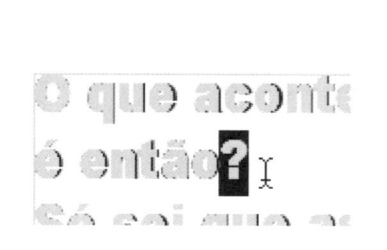

No exemplo acima, ao alterar o tamanho do **?** o espaço entre uma linha e outra do texto ficou gigante. Em alguns casos simples alterações nas configurações dos parágrafos podem resolver o problema. Em outros, você terá que trabalhar o **?** como um objeto separado do texto.

Para formatar os parágrafos, em Window > Type selecione Paragraph.

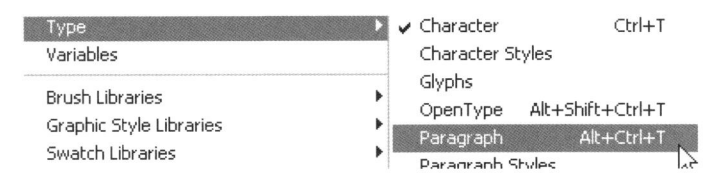

A paleta Paragraph será exibida.

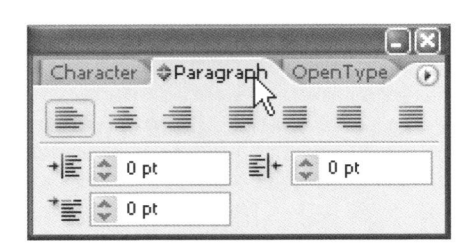

Repare que ela não é muito diferente dos botões de formatação do Word. Selecione o texto que deseja formatar e mãos a obra.

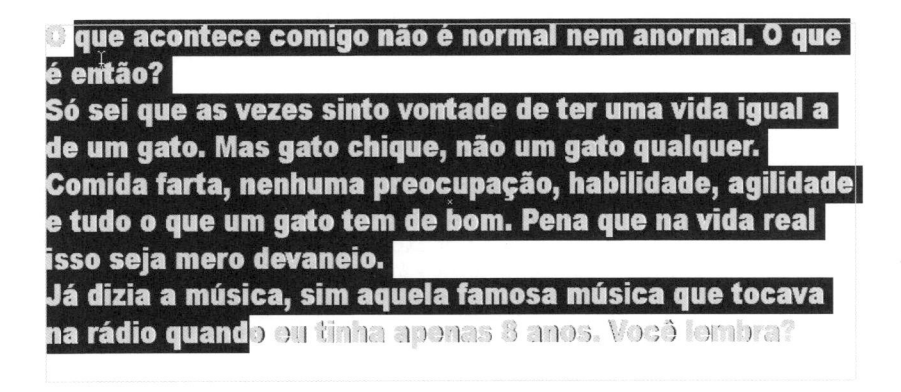

Observe que eu não selecione todo o texto. Sobraram algumas palavras sem seleção.

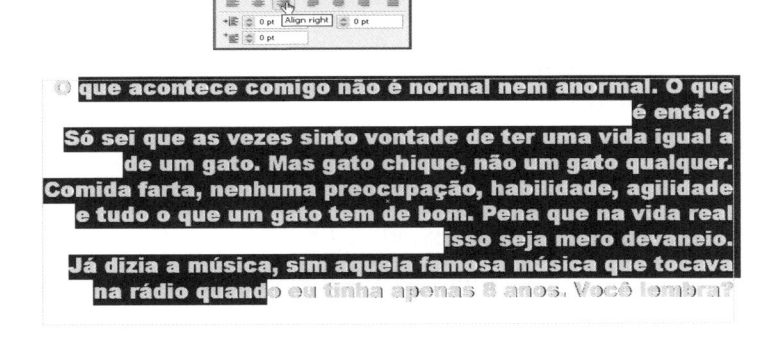

Como a ação da paleta paragraph é sobre o parágrafo, tanto faz selecionar uma palavra do parágrafo ou o parágrafo inteiro.

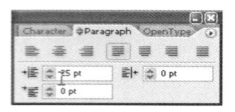

Com um pouco de prática e uma base de conhecimento em edição de texto é possível criar no Illustrator tabulações, listas numeradas, tabelas complexas baseadas em texto tabulado e vários outros recursos que os editores de texto fazem tão bem.

Sobre a paleta Character e Paragraph

Na paleta Character, coloque o mouse sobre cada uma das caixas existentes. Repare que surgirá o nome da caixa, por exemplo Kerning. A seguir, veja a descrição de cada um desses recursos avançados para formatação de texto. Como esse não é um livro sobre técnicas de edição de texto, recomendo que você leia um livro sobre o Office ou o OpenOffice para entender o que cada um dos comandos abaixo e capaz de fazer.

Kerning (Ajuste de espaço) - Ajusta o espaço entre pares de caracteres. Para aumentar ou reduzir o ajuste de espaço, insira o cursor I-beam entre dois caracteres e pressione as teclas de seta para a direita ou para a esquerda de seu teclado mantendo pressionada a tecla ALT (OPTION no Mac) ou insira uma configuração diretamente no campo de texto Kerning da paleta Character. Dê atenção especial ao espaçamento entre caracteres maiúsculos e minúsculos, já que geralmente eles usam um ajuste de espaço pequeno.

Tracking (Espaçamento) - Esse é o espaço total entre caracteres de uma palavra ou séries de palavras.

Leading (Entrelinhas) - Ajusta o espaço entre linhas do texto. A configuração padrão é Auto (Automáticas) e ela funciona para a maioria dos casos. Para alterar as entrelinhas, realce as linhas de texto que deseja modificar e, em seguida, insira uma configuração na caixa de texto Leading da paleta Character.

Scale Horizontal (Escala horizontal) - Permite que você estique ou comprima o texto horizontalmente. Use esse recurso moderadamente, porque o texto foi projetado para ter uma aparência melhor com as medidas padrão. Se você estiver tentando preencher espaço, será mais adequado ajustar o espaçamento em vez de usar essa configuração.

Scale Vertical (Escala vertical) - O mesmo que Scale Horizontal, porém funcionando na vertical. Aviso semelhante serve aqui: Considere primeiro as entrelinhas.

Baseline Shift (Deslocamento de linha de base) - Permite que você mova todas as palavras ou caracteres individuais para cima ou para baixo com relação ao resto do texto. Selecione o(s) caractere(s) que deseja mover e insira uma configuração no campo de texto. Uma configuração positiva moverá o texto para cima e uma negativa (iniciada com um sinal de menos) moverá o texto para baixo.

Agora, repita o mesmo procedimento com o mouse sobre a paleta Paragraph.

Right (Direita) - O oposto de à esquerda; o texto é alinhado à direita.

Full Justified (Justificação total) - O texto é alinhado à esquerda e direita para compor a forma de uma caixa e a última linha é expandida para se enquadrar à caixa. (Essa opção pode gerar alguns espaços grandes no texto).

Justified Last Line Right (Justificado com a última linha alinhada à direita) - O mesmo que Full Justified, exceto pela última linha ser alinhada à direita; gera menos espaços sobrando.

Justified Last Line Centered (Justificado com a última linha centralizada) - O mesmo que a última opção, porém com a última linha centralizada.

Justified Last Line Left (Justificado com a última linha alinhada à esquerda) - Essa é a opção mais apropriada para a obtenção de um texto mais justificado.

Técnicas especiais com textos

Apenas para reforçar o que falei, vou mostrar alguns recursos que facilitarão o seu trabalho de edição dentro do Illustrator

Caracteres invisíveis   Cada parágrafo contém uma série de caracteres que não são exibidos na tela nem na impressão. Dependendo da edição de texto que você estiver fazendo, será de grande valia poder visualizar tais caracteres. Por exemplo, se você estiver trabalhando com um texto tabulado é bom poder visualizar cada uma das tabulações.

Para visualizar os caracteres invisíveis ou não imprimíveis clique em Type > Show Hidden Characters (Exibir Ocultar caracteres).

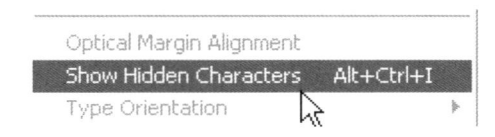

O que acontece comigo não é normal nem anormal. O que é então?

Só sei que as vezes sinto vontade de ter uma vida igual a de um gato. Mas gato chique, não um gato qualquer.

Comida farta, nenhuma preocupação, habilidade, agilidade e tudo o que um gato tem de bom. Pena que na vida real isso seja mero devaneio.

Já dizia a música, sim aquela famosa música que tocava na rádio quando eu tinha apenas 8 anos. Você lembra?

O texto passou a exibir as marcas de espaço em branco e os Enters. Tem gente que simplesmente detesta trabalhar o texto com esses caracteres visíveis. Eu adoro.

Se o seu texto for tabulado, ele terá a seguinte aparência:

Grupo → Escola → Samba → Diretor de Bateria
B → Ilha → N/A → Paulão
A → Imperatriz→N/A → Jorjão

Definir tabulação Já que falei de tabulação, você precisa saber onde estão as configurações para as tabulações. Clique em Window > Type > Tabs (tabulações)

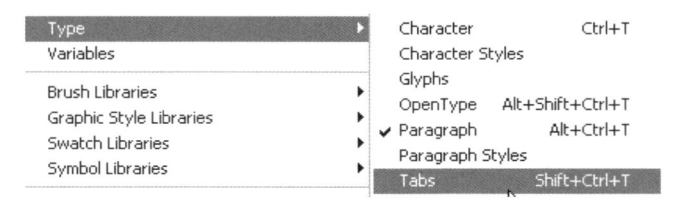

A paleta Tabs será exibida.

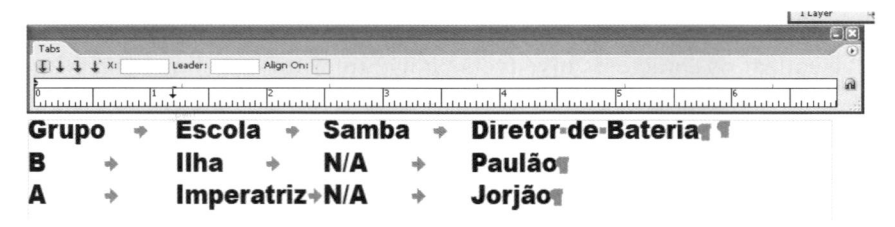

Grupo → Escola → Samba → Diretor de Bateria
B → Ilha → N/A → Paulão
A → Imperatriz→N/A → Jorjão

Ela se parece com uma régua que permite definir onde deve ocorrer cada parada de tabulação. Com o texto selecionado, clique com o mouse sobre a régua para alterar os pontos de parada de tabulação.

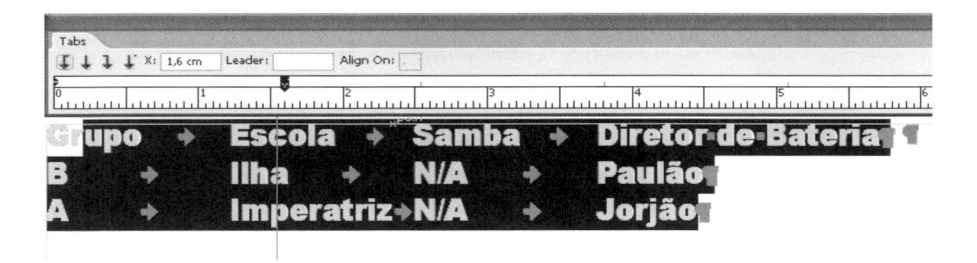

Ao soltar o botão do mouse, será definido um novo ponto de parada da tabulação.

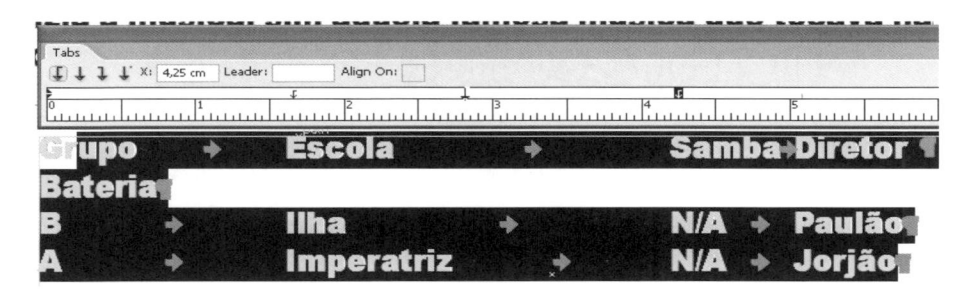

Dependendo do tamanho da caixa de texto, a sua tabulação poderá ficar mais confusa do que a minha cabeça em data de escolha de samba nas quadras (sou fanático por escola de samba).

Se isso ocorrer, aumente o tamanho da caixa de texto antes de continuar com a formatação. Aumente também o tamanho da paleta Tabs para que ela acompanhe o tamanho da caixa de texto.

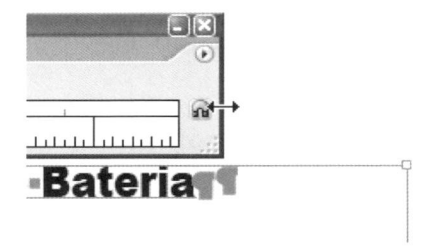

Observe que é possível determinar o alinhamento da tabulação através dos ponteiros existentes no canto esquerdo da paleta Tabs.

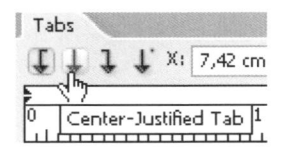

No lado direito da caixa, você encontra o menu de opções para a paleta. Dentre as opções disponíveis está a de deletar as tabulações (Clear All Tabs).

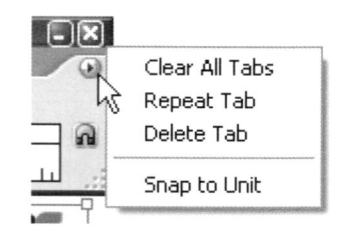

Maiúscula ou minúscula   Quer mudar o seu texto de letras minúsculas para maiúsculas de uma só vez? Então, com o texto selecionado, clique em Type > Change Case > UPPERCASE (maiúscula).

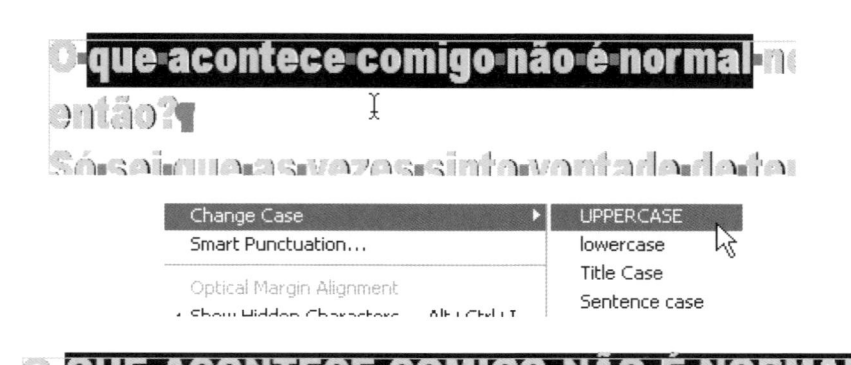

Experimente as outras opções disponíveis no menu Change Case

Vertical ou Horizontal   Qual posição você quer o seu texto? Selecione o texto e clique em Type > Type Orientation (orientação do texto) > e escolha uma das opções.

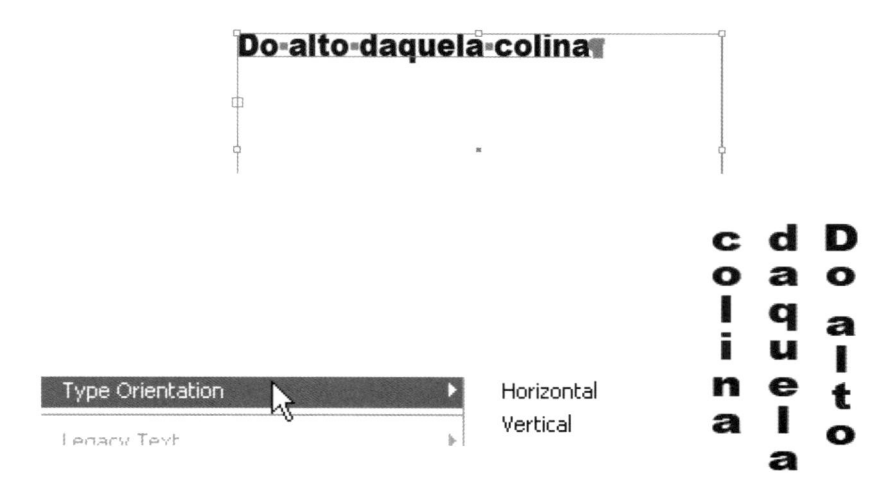

Observe que na barra de opções, logo abaixo da barra de menu é possível determinar o posicionamento do texto quanto a área do quadro, ou seja, ele será posicionado no topo, no meio ou na parte inferior?

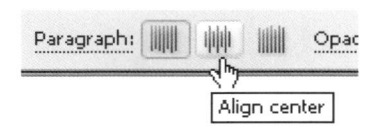

Cor Mude a cor do seu texto. Na barra de opções, clique em Fill e escolha a cor que deseja para o texto. Se for um texto já digitado, lembre-se de selecionar antes de escolher a nova cor.

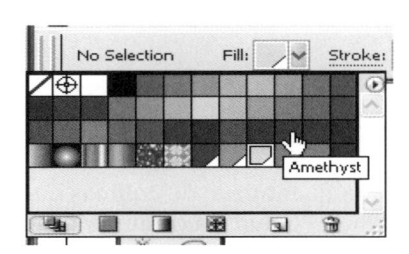

Colunas Precisa dividir o seu texto em colunas, utilize o Area Type Optins (opções da área de texto) que está disponível no menu Type.

Com a ferramenta de seleção, clique sobre o quadro de texto.

Clique em Type > Area Type Options. A caixa Area Type Options será exibida

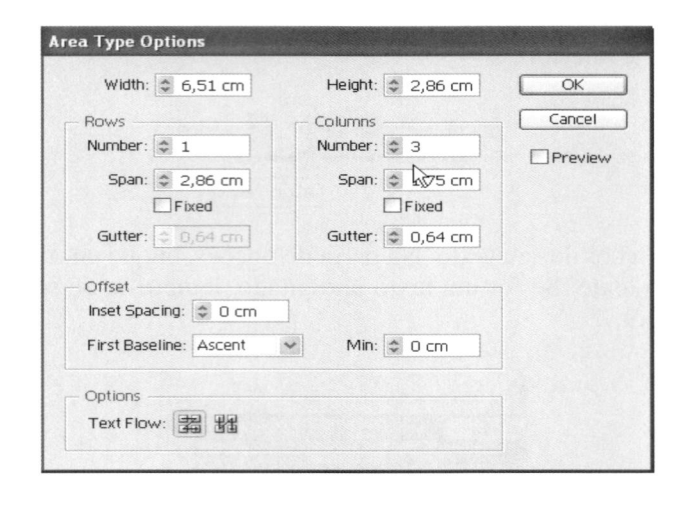

Nela é possível determinar a quantidade de colunas que você quer para o seu texto. No exemplo abaixo, eu coloquei 3 colunas no campo Columns Number. O resultado é mostrado na figura abaixo.

Experimente fazer o mesmo porém com as linhas através do campo Rows.

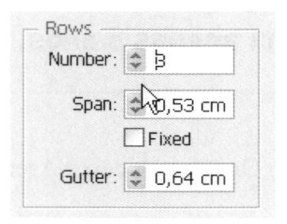

> O que acontece comigo não é normal nem anormal. O que é então?
>
> Só sei que as vezes sinto vontade de ter uma vida igual a de um gato. Mas gato chique, não um gato qualquer.
>
> Comida farta, nenhuma preocupação, habilidade, agilidade e tudo o que um gato tem de bom. Pena que na vida real

Estilos   Texto muito grande? Muitas formatações a serem feitas? Que tal utilizar os estilos? Tal como nos editores de texto, o Illustrator permite que você crie conjuntos de formatações pré-definidos para os caracteres e os parágrafos.

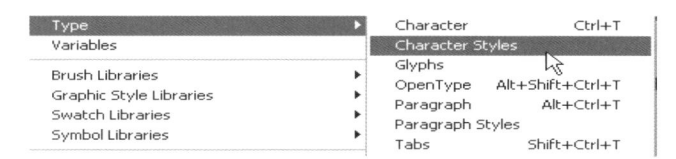

Depois de clicar em Character Styles (estilos de caractere), uma nova paleta será exibida.

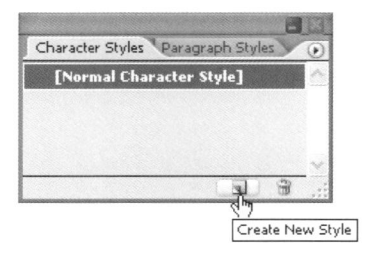

Na paleta Character Styles, clique em Create New Style (criar novo estilo) para iniciar a criação do estilo. Surgirá na paleta o estilo Character Style 1. Dê um duplo clique sobre o estilo para alterar as suas configurações.

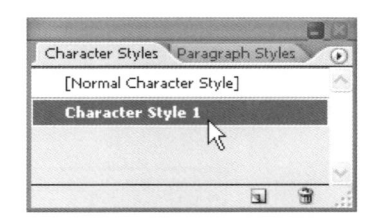

Configure as opções disponíveis para o estilo e ao final dê um novo nome ao estilo na caixa Style name. Utilize um nome que seja fácil de determinar as formatações ou a aplicação do estilo.

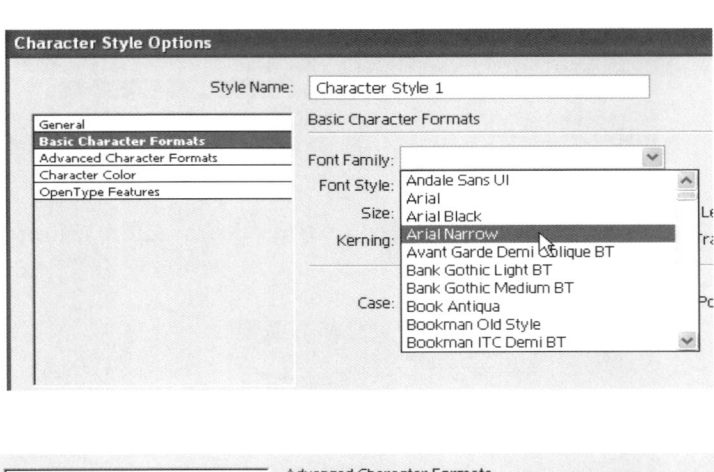

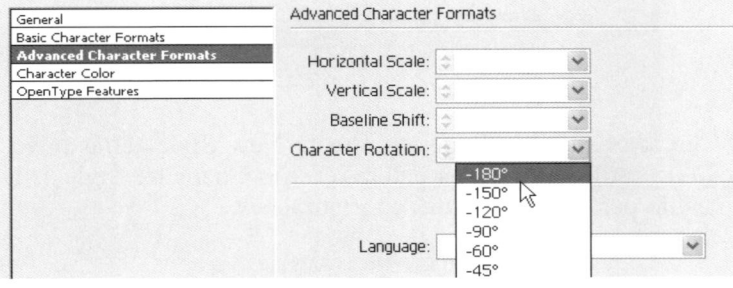

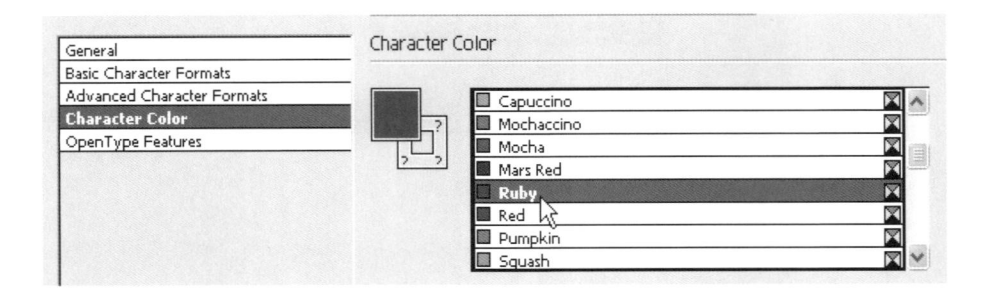

Após terminar de configurar o estilo, clique em General no lado esquerdo e veja a exibição do resumo de todas as formatações que foram aplicadas ao estilo.

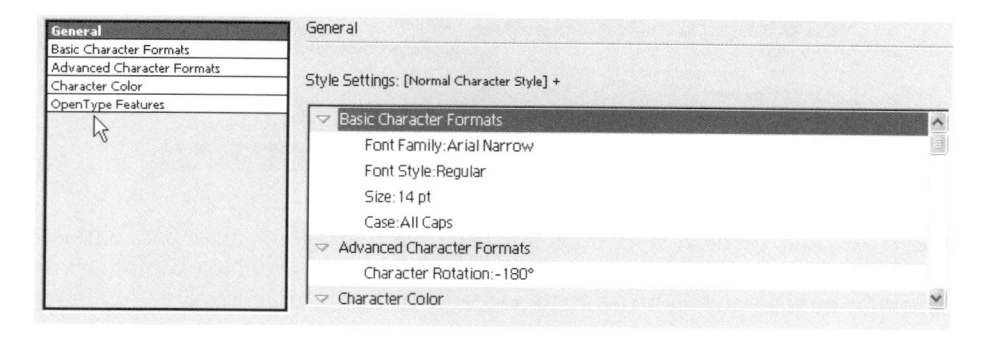

O novo nome do estilo. Depois de alterar o nome, clique em Ok para voltar para a paleta Character.

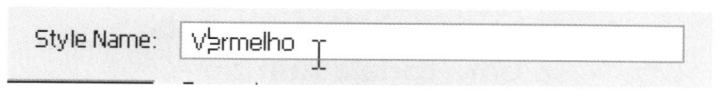

Para aplicar o estilo, selecione o texto desejado.

Clique no nome do estilo e as formatações serão aplicadas.

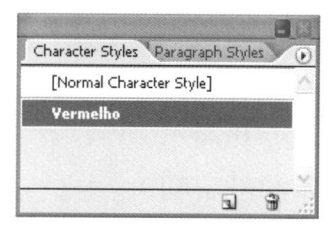

Experimente agora fazer o mesmo procedimento só que para os parágrafos utilizando o Window > Type > Paragraph Styles

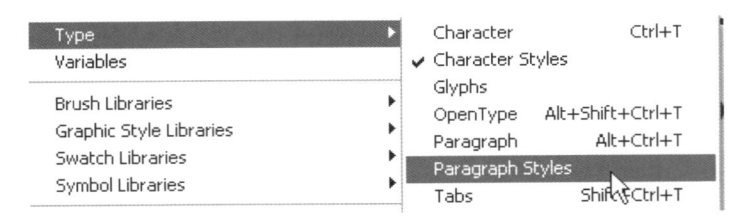

Linkar os quadros de texto Linkar significa, a grosso modo, dizer para o Illustrator que um objeto é dependente ou uma continuação de outro objeto. No exemplo abaixo, o texto não cabe num único quadro de texto por causa da figura unir dois objetos diferentes.

No exemplo abaixo, eu digitei um texto que ficou maior que a caixa de texto criada para ele.

A mensagem da Portela é para toda a humanidade. Vamos preservar o amor para colher felicidade. Portela hoje abraça o mundo, num

Repare a existência do sinal de + que indica haver mais texto oculto na caixa. Crie um elemento qualquer, como um círculo próximo ao texto.

A mensagem da Portela é para toda a humanidade. Vamos preservar o amor para colher felicidade. Portela hoje abraça o mundo, num

Com a ferramenta de seleção, selecione a caixa de texto e também o círculo.

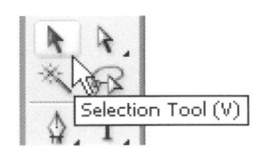

Depois de selecionar, clique em Type > Threaded Text > Create (criar) e veja a mágica que irá ocorrer.

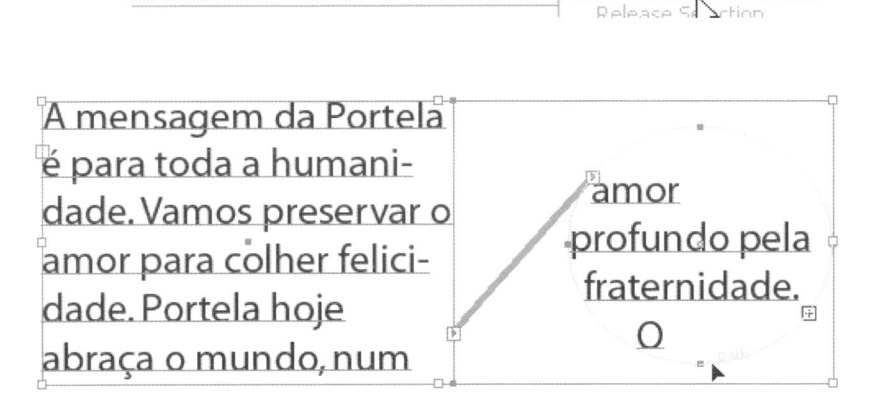

Parte do texto que estava oculto foi para dentro do círculo, respeitando o formato do objeto. Mesmo que você mude o círculo de posição, o texto permanecerá dentro dele.

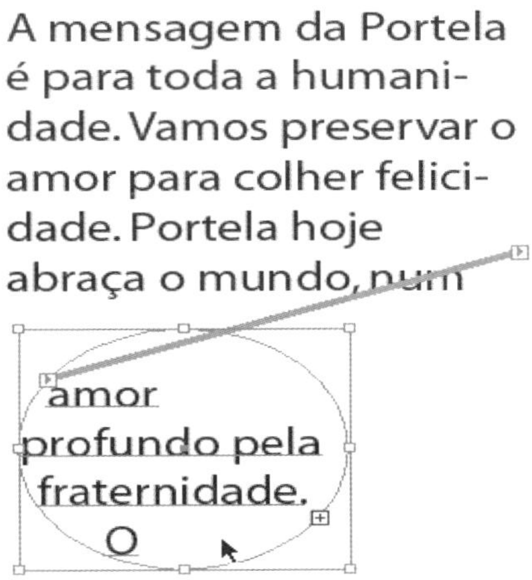

Se quiser, pode alterar o tamanho do círculo para poder exibir o restante do texto.

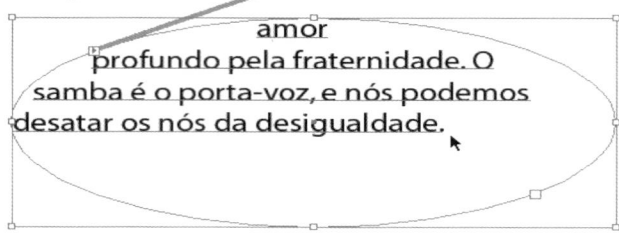

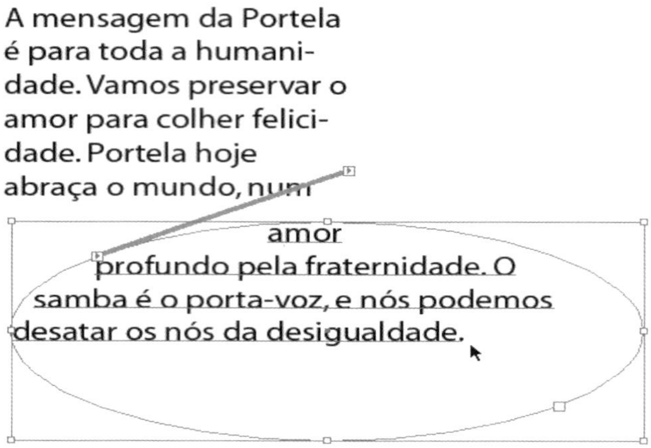

> A mensagem da Portela é para toda a humanidade. Vamos preservar o amor para colher felicidade. Portela hoje abraça o mundo, num amor profundo pela fraternidade. O samba é o porta-voz, e nós podemos desatar os nós da desigualdade.

Veja agora o mesmo exemplo utilizando 3 objetos.

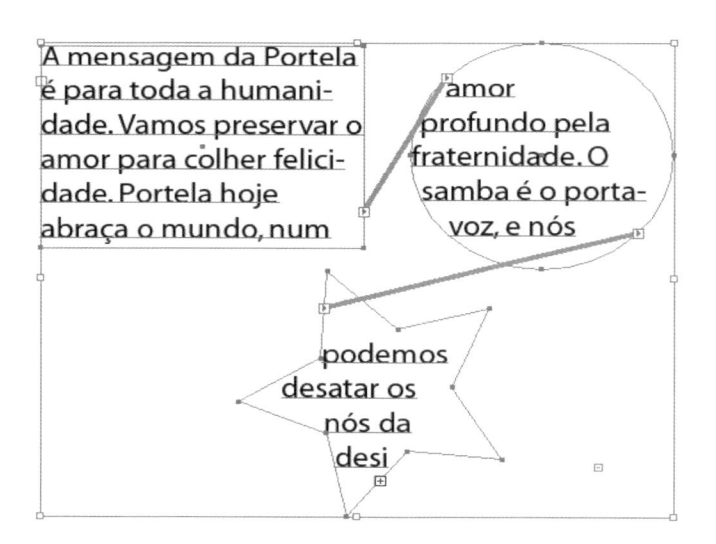

> A mensagem da Portela é para toda a humanidade. Vamos preservar o amor para colher felicidade. Portela hoje abraça o mundo, num
>
> amor profundo pela fraternidade. O samba é o porta-voz, e nós
>
> podemos desatar os nós da desi

Para desfazer esse fluxo de texto dentro de objetos, clique em Release Selection (remover seleção)

Fique atento à linha que liga um objeto ao outro. É ela que determina o fluxo de texto dentro dos objetos, ou seja, onde começa e onde terminar todo o texto.

Fluxo de texto   Essa é a técnica mais especial de todas pois é ela que permite fazer com que o texto tome formas diferentes de uma simples linhas ou coluna e, principalmente, fazer o texto caber no lugar que você deseja. Esse procedimento se chama Fluxo de texto

Existem diversas formas de trabalharmos o fluxo de texto, como o intuito do livro é um aprendizado visual e prático, só em olhar as figuras você verá como é fácil brincar com o texto dentro do Illustrator.

Crie uma caixa de texto e em seguida desenhe uma forma qualquer.

Um verdadeiro hino a paz, não uma mera letra de samba-enredo. Portela 2005.
A mensagem da Portela é para toda a humanidade. Vamos preservar o amor para colher felicidade. Portela hoje abraça o mundo, num amor profundo pela fraternidade. O samba é o porta-voz, e nós podemos desatar os nós da desigualdade.

Mova o objeto desenhado sobre o texto com a ferramenta de seleção.

Um verdadeiro hino a paz, não uma mera letra de samba-enredo. Portela 2005.
A mensagem da Portela é para toda a humanidade. Vamos preservar o amor para colher felicidade. Portela hoje abraça o mundo, num amor profundo pela fraternidade. O samba é o porta-voz, e nós podemos desatar os nós da desigualdade.

Um verdadeiro hino a paz, não uma mera samba-enredo. 2005.
A mensagem da para toda a hu Vamos preserva para colher felicidade. Portela hoje abraça o mundo, num amor profundo pela fraternidade. O samba é o porta-voz, e nós podemos desatar os nós da desigualdade.

Parte do texto foi ocultado pelo objeto com fundo cinza. Clique com a ferramenta de seleção sobre a caixa de texto e em seguida em Object > Arrange (arranjar/organizar) > Bring to Front (trazer para frente)

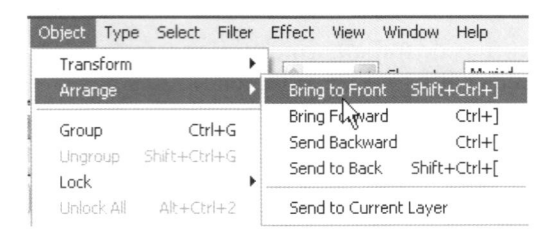

As opções de Arrange permitem que você altere a posição de um objeto sobre outros. Desta forma é possível enviar um objeto qualquer para o fundo (Send to back) ou trazer um objeto para a frente do próximo objeto (Bring Forward) sem alterar a sua posição física relativa aos demais objetos. Veja os exemplos abaixo onde eu movimento apenas o retângulo sem mexer nos demais objetos:

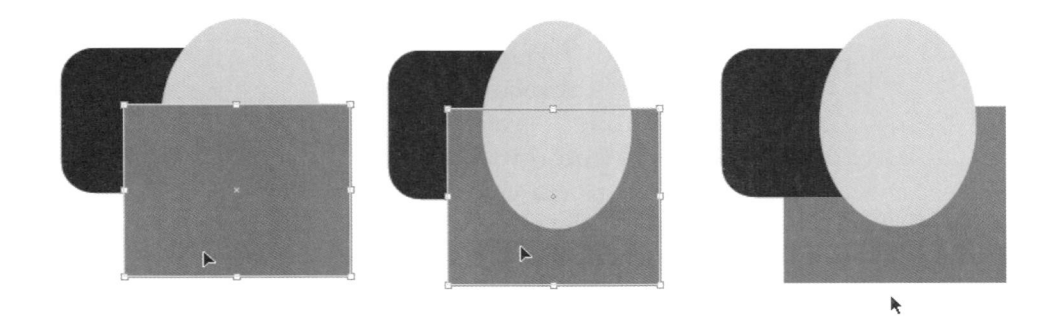

Treine bastante esse recurso pois ele é muito importante para o Illustrator.

Vamos voltar ao texto com a figura sobreposta. Clique na caixa de texto e traga-a para frente com Bring to Front.

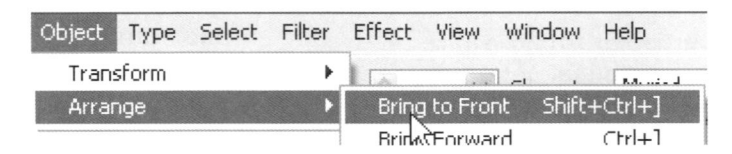

> Um verdadeiro hino a paz, não uma mera letra de samba-enredo. Portela 2005.
> A mensagem da Portela é para toda a humanidade. Vamos preservar o amor para colher felicidade. Portela hoje abraça o mundo, num amor profundo pela fraternidade. O samba é o porta-voz, e nós podemos desatar os nós da desigualdade.

Se a intenção for criar uma imagem de fundo ou uma marca d'água, o caminho é esse. Se a intenção for fazer o texto ficar ao redor do objeto, você precisará executar mais alguns procedimentos.

Ao invés de trazer o texto para frente, traga o objeto desenhado. Em seguida, selecione todo o conjunto.

> Um verdadeiro hino a paz, não uma mera letra de samba-enredo. Portela 2005.
> A mensagem da Portela é para toda a humanidade. Vamos preservar o amor para colher felicidade. Portela hoje abraça o mundo, num amor profundo pela fraternidade. O samba é o porta-voz, e nós podemos desatar os nós da desigualdade.

Agora, clique em Object > Text Warp (fluxo de texto) > Make (criar). Na sequencia, veja o que acontece.

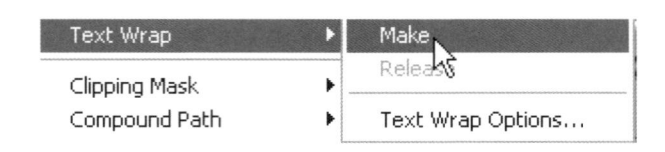

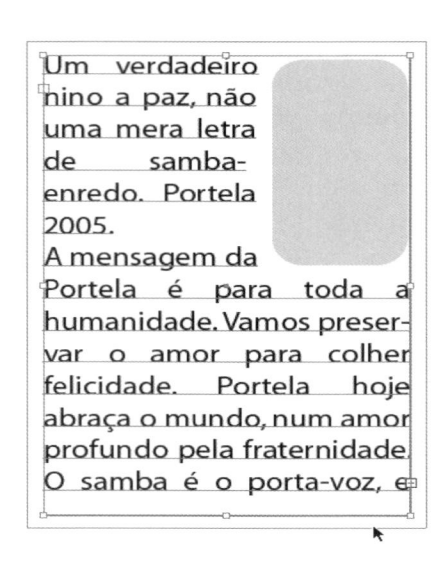

Fácil, não foi? Então vamos para outra brincadeira.

Com a caixa de texto usada no exemplo anterior, vamos criar um objeto diferente. Primeiro, selecione a caixa de texto e em seguida selecione a ferramenta Add Anchor Point (adicionar ponto de ancoragem).

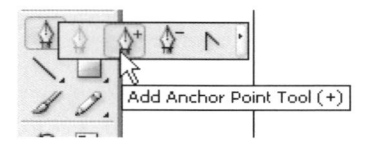

Clique sobre o contorno da caixa de texto para adicionar os pontos.

Agora que a caixa contém vários pontos, clique na ferramenta de seleção direta.

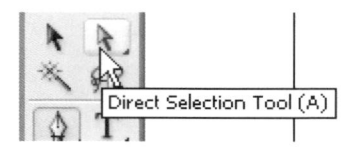

Com a ferramenta ativa, clique sobre um dos pontos inseridos e movimente o mouse.

> Um verdadeiro hino a paz,
> não uma mera letra de
> samba-enredo. Portela
> 2005.
> A mensagem da Portela é
> para toda a humanidade

A caixa terá um novo formato.

> Um verdadeiro hino a
> paz, não uma mera
> letra de samba-enredo.
> Portela 2005.
> A mensagem da Portela é
> para toda a humanidade.
> Vamos preservar o amor

Use a criatividade para alterar o formato da caixa de texto através da inserção e manipulação dos pontos.

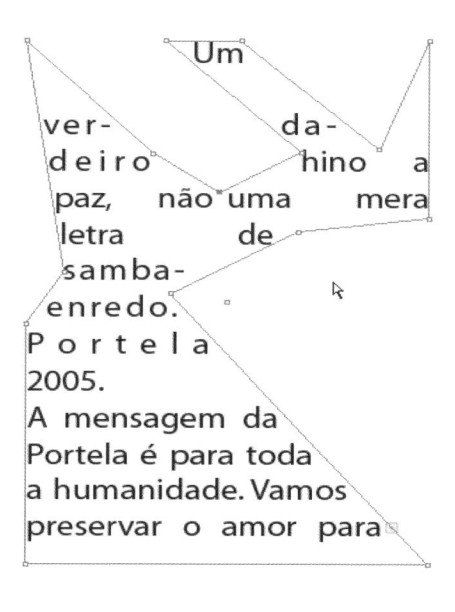

> Um
> ver- da-
> deiro hino a
> paz, não uma mera
> letra de
> samba-
> enredo.
> Portela
> 2005.
> A mensagem da
> Portela é para toda
> a humanidade. Vamos
> preservar o amor para

Na figura acima, eu criei um bicho sem pé nem cabeça pois quero que você veja o fluxo do texto funcionando perfeitamente dentro da caixa, inclusive com a hifenização correta em funcionamento.

Se quiser excluir um ponto, clique em Delete Anchor Point.

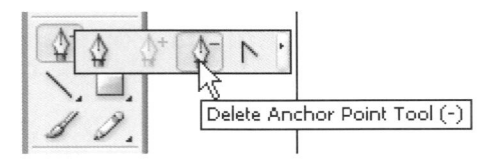

Está cansado? Beba uma coca para ficar esperto e com a barriga cheia de gases pois ainda tem muito mais pela frente.

Crie agora uma espiral.

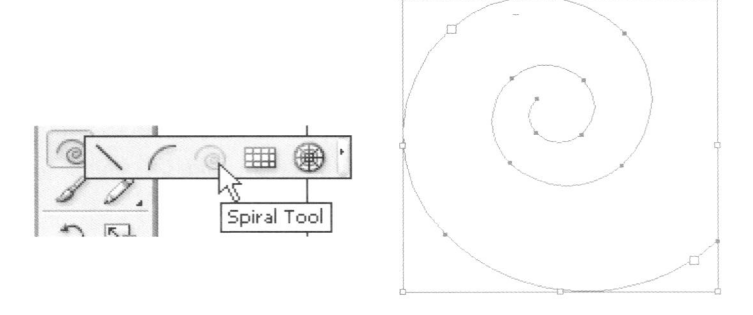

Em seguida, clique em Area Type Tool na caixa de ferramenta.

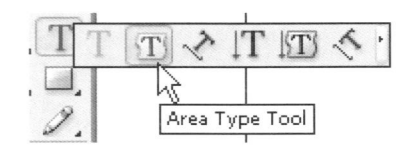

Com o mouse, clique sobre o contorno da espiral e comece a digitar um texto.

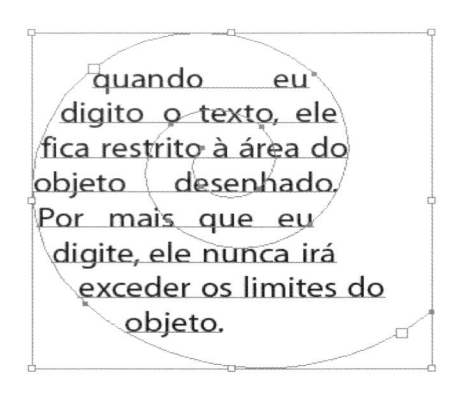

quando eu digito o texto, ele fica restrito à área do objeto desenhado. Por mais que eu digite, ele nunca irá exceder os limites do objeto.

Conforme você digita, o texto obedecerá aos limites do objeto. Ao terminar, clique fora do objeto e veja o formato do texto.

quando eu
digito o texto, ele
fica restrito à área do
objeto desenhado.
Por mais que eu
digite, ele nunca irá
exceder os limites do
objeto.

Ninguém precisa saber que a forma acima foi obtida através de uma pequena ajuda de uma espiral, não é?

Crie um retângulo. Em seguida, clique na ferramenta Type on a Path (digitar sobre um caminho).

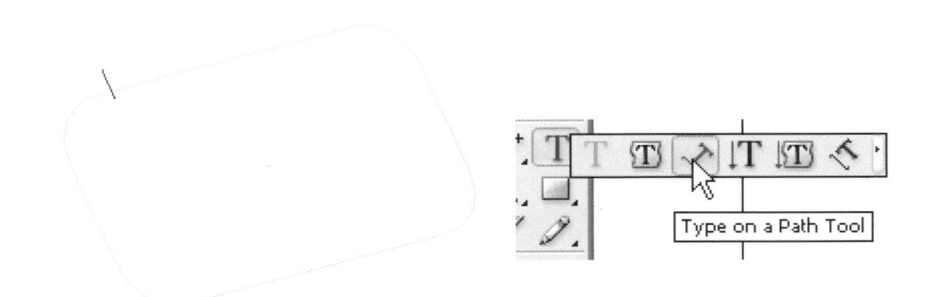

Clique sobre o contorno do retângulo e comece a digitar. A própria figura abaixo mostrará o que irá acontecer.

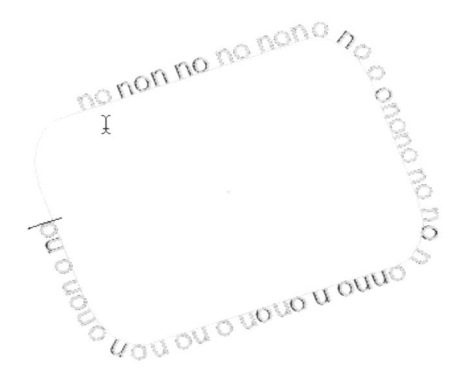

Clique fora do objeto e o texto ficará com o contorno do objeto.

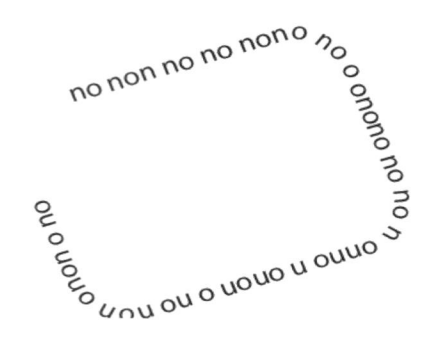

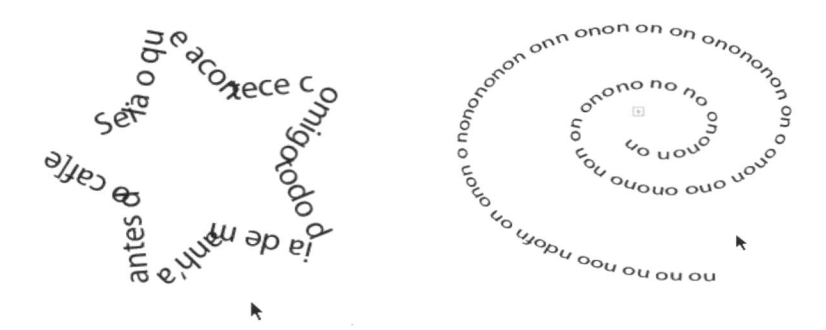

Agora faça você mesmo, crie diversas formas, inclua pontos, manipule os pontos e depois insira texto no path para treinar.

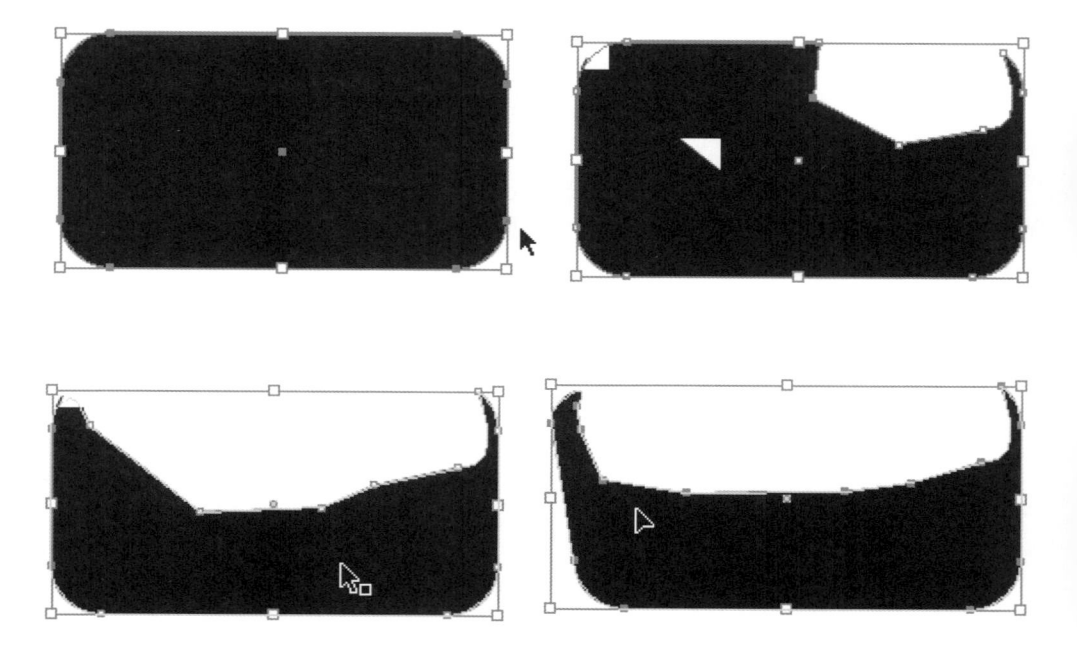

Lembre-se que você pode formatar o texto mesmo ele estando sobre um caminho.

Mas não pense você que as formatações estão limitadas às que já foram ensinadas e que são similares aos dos editores de texto como o Word. Com o texto selecionado, clique em Type > Type on Path e escolha as opções que estão disponíveis no menu.

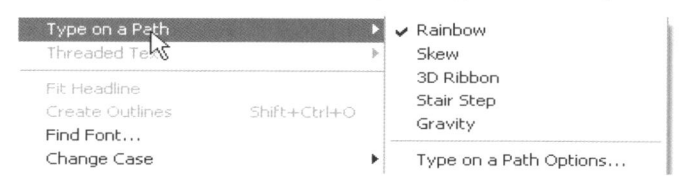

O tipo de fonte selecionado para o texto afeta e muito o resultado de Type on a Path, portanto escolha bem qual fonte irá utilizar e, infelizmente, a melhor forma de escolher é testando todas elas para ver qual irá dar o resultado que você quer para o efeito.

novo texto como exemplo

novo texto como exemplo

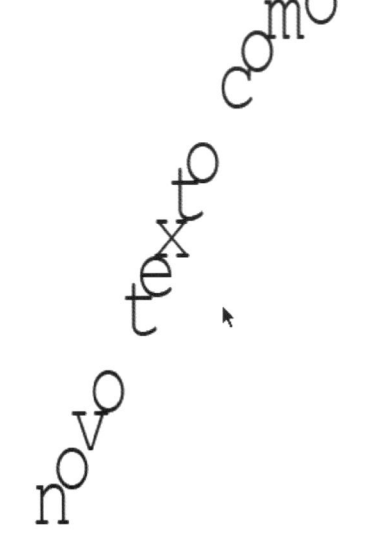

novo texto como

5

os profissionais usam e você também irá usar

Neste capítulo, mostrarei as ferramentas e técnicas que são utilizadas com os olhos fechados pelos profissionais. O que você aprendeu até o final do capítulo anterior já lhe dá condições de desenvolver bons desenhos no Illustrator.

Neste Capítulo...

Seleção	Transparência	Neon	guias
Alinhamento	Blend	Máscara	
Distorção	Warp	Opacidade	
Camada	Símbolos	Pincel	

Antes de começar o capítulo, preciso fazer alguns alertas:

☐ O livro é pequeno, então não posso estender um assunto em demasia. Isso é realmente uma má notícia, pois o Illustrator renderia tranqüilamente mais umas 900 páginas de olhos fechados. É claro que um livro com mais de 900 páginas não é para quem quer iniciar no Illustrator;

☐ Algumas ferramentas e recursos do Illustrator são comuns ao Adobe Photoshop como, por exemplo, recursos de impressão, salvar para web e a ferramenta Magic Wand (varinha mágica). Como eu falei desde o início do livro, para tirar o melhor proveito do Illustrator você tem que trabalhar com o Photoshop em conjunto, não vou repetir o uso das ferramentas comuns, pois tenho certeza que você não deixará de adquirir o seu exemplar de **Adobe Photoshop Guia Prático e Visual** e o do **InDesign Guia Prático e Visual**;

☐ Como não serei extremamente detalhista nas ferramentas e técnicas aqui apresentadas, recomendo que você treine, e se possível leia o manual do programa, para aprofundar os conhecimentos. Se tiver alguma dúvida, sinta-se à vontade para me mandar um e-mail.

O fato de eu não me aprofundar nas técnicas aqui apresentadas, não significa que você pode deixar de ler o capítulo.

Seleção brasileira

Bom, um pouco melhor do que a nossa seleção brasileira é a técnica de seleção de objetos que o Illustrator disponibiliza. Se você já leu o livro do Photoshop não terá dificuldade em usar as ferramentas, sem contar que, mesmo sem perceber, nos capítulos anteriores você já praticou o uso das seleções. Das seleções, o mais interessante é saber que além de você poder utilizar as ferramentas da caixa de ferramenta você também pode utilizar os comandos do menu Select (seleção).

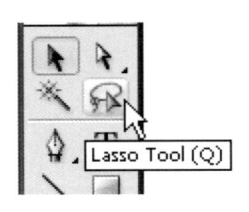

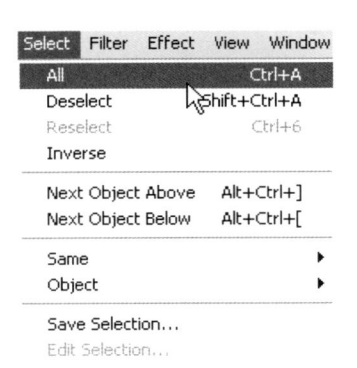

Opa, mas qual a grande diferença entre o menu Select do Illustrator para o do Photoshop se ambos têm, por exemplo, o comando All (selecionar tudo) e Inverse (inverter a seleção)?

Resposta: Sim, eles são bastante similares, mas cada um com suas particularidades. Por isso você deve treinar as formas de seleção do Illustrator e depois treinar as do Photoshop para ficar expert no assunto.

Dentre as opções do menu select, eu vou citar duas que são bastante interessantes. A primeira é a seleção Same (igual). Nela é possível selecionar objetos que tenham a mesma característica como preenchimento (fill) ou estilo (style).

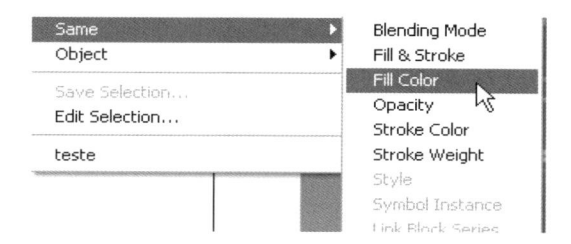

A segunda é a opção de salvar uma seleção. Veja o desenho abaixo:

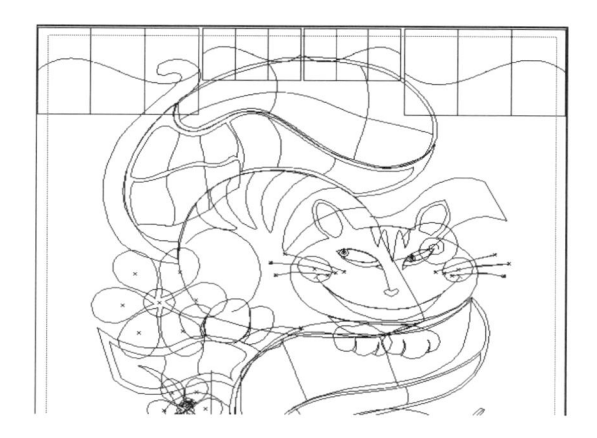

Suponha que você queira selecionar somente o olho do gato.

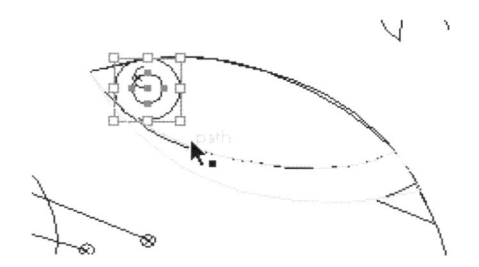

Como existem diversos elementos próximo ao olho do gato você levará um certo tempo para selecionar os objetos. Para evitar que você tenha o mesmo tipo de trabalho sempre que precisar selecionar o olho do gato, clique em Select > Save Selection (salvar seleção). O Illustrator guardará as informações referentes a quais objetos estavam selecionados no momento que você clicou em Save Selection. Assim, da próxima vez que precisar selecionar os mesmos objetos, basta escolher o nome da seleção no menu e o Illustrator fará o resto.

Guias e réguas, quem usa sabe o quanto são importantes

Quando você seleciona um objeto é porque tem a necessidade de fazer algo com ele. Se esse "algo" for mover o objeto e se o seu intuito for criar um desenho profissional, inevitavelmente você precisará utilizar os recursos de medidas e posição do Illustrator.

Além das réguas que podem ser ativadas em View > Show Rules (exibir réguas), você precisa aprender a tirar proveito das guias automáticas que o Illustrator exibe toda vez que você movimenta um objeto. Veja:

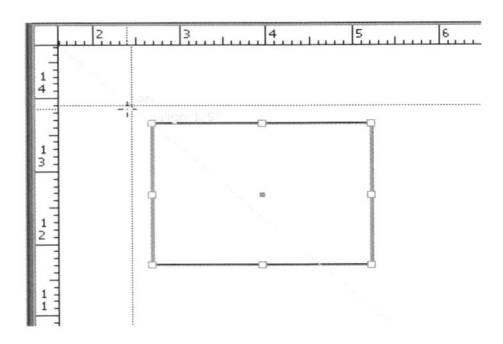

Na figura acima são mostrados diversos recursos de medida e posicionamento.

- ❑ As réguas no lado esquerdo e acima do objeto
- ❑ A guia automática (em cor azul, no Illustrator) permite que você determine o ângulo de alinhamento do objeto
- ❑ O ponto 0 da régua (onde aparece o sinal de cruz). Ao arrastar esse ponto sobre o canto do retângulo, a régua passa a ter seu ponto 0 na mesma posição que o retângulo.

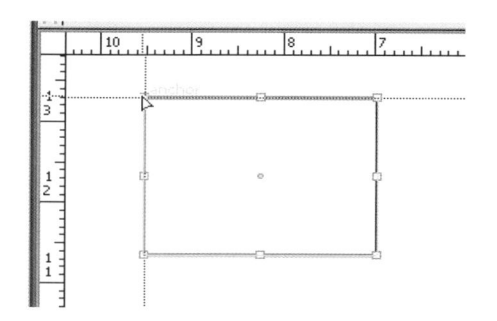

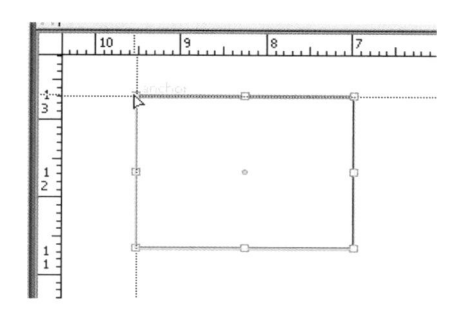

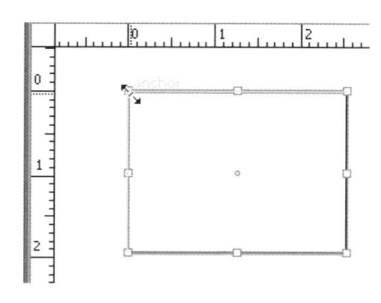

Ao clicar sobre o retângulo com a ferramenta de seleção e arrastá-lo, será exibido a guia automática que informa o ângulo em relação à posição original do objeto.

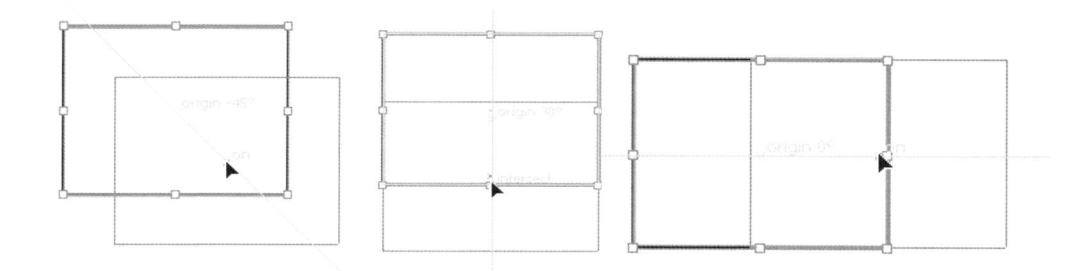

As guias, além de servirem para alinhar objetos, são úteis também na hora de manipular os pontos de ancoragem.

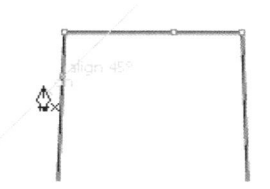

Pode parecer bobeira quando estamos falando de alinhar simetricamente um retângulo mas tente alinhar os olhos do gato mostrado anteriormente sem utilizar as réguas e as guias. Duvido que você consiga acertar com precisão o posicionamento na primeira tentativa.

A paleta Info (informação) que está disponível em Window > Info permite que você visualize a exata posição do objeto bem como a posição enquanto o objeto é movido.

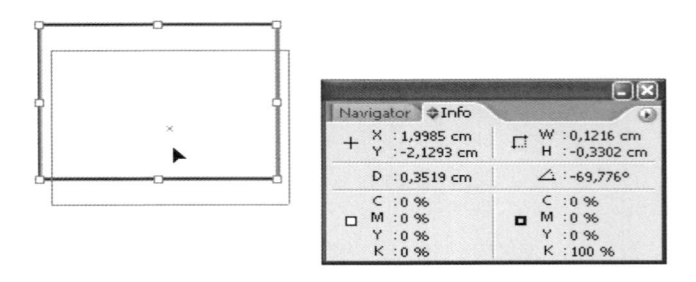

Uma outra forma de alinhar os objetos é através da paleta Align (alinhar). Com ela é quase que interativo o processo de alinhar os objetos.

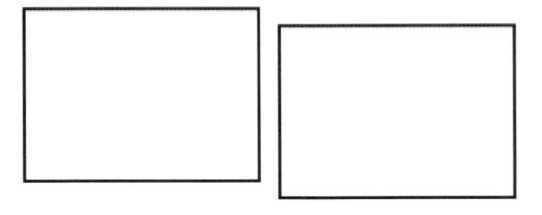

Observe que os dois objetos estão um pouco fora de alinhamento. Clique em Window > Align para ativar a paleta Align. Na paleta, os próprios ícones lhe permitem entender o que cada um fará com os objetos. Selecione os dois retângulos criados e que estão fora de alinhamento. Em seguida, clique nos ícones para ver o que acontecerá.

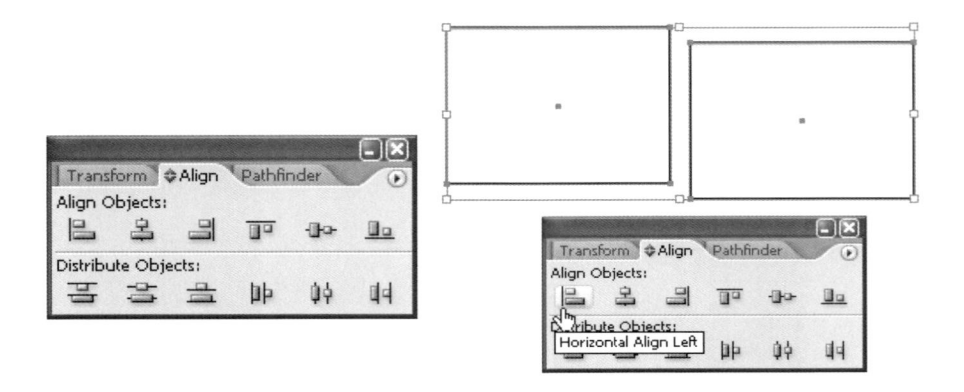

Abaixo, mostro alguns exemplos do que aconteceu com os retângulos ao clicar sobre alguns dos ícones existentes na paleta Align.

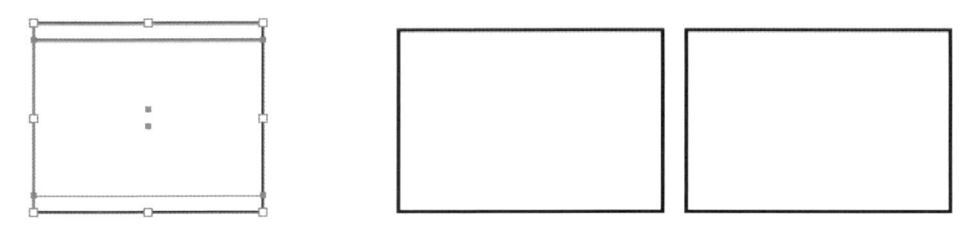

Ainda na paleta Align, observe que a parte inferior dela é restrita às opções de distribuição de elementos.

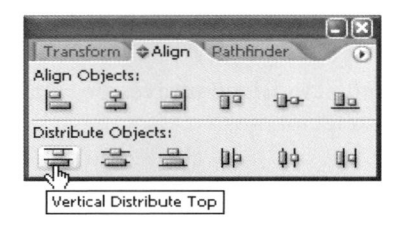

Crie uma figura igual a mostrada abaixo e aplique os recursos de distribuição da paleta para você visualizar o uso deles.

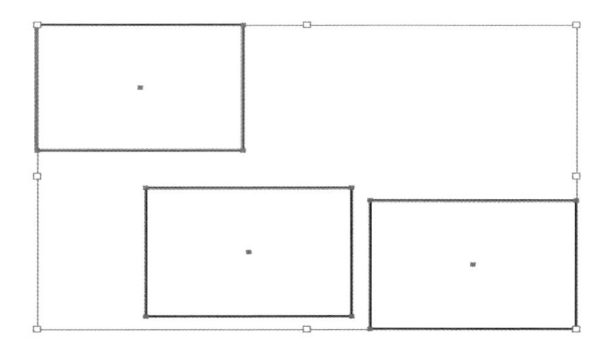

Um dos exemplos ficará assim:

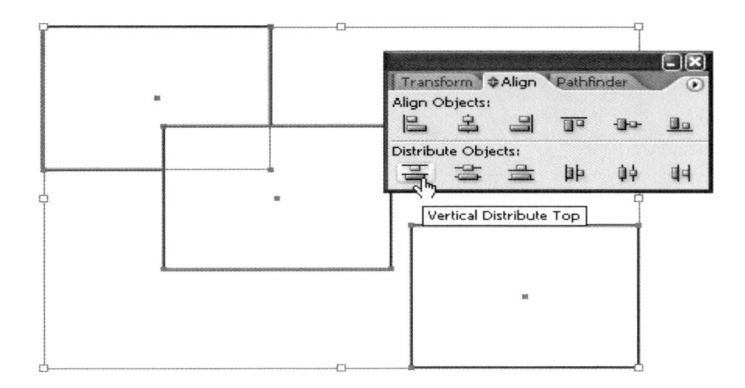

O retângulo do meio recebeu uma distribuição Vertical superior.

Para efeito de aprendizado, só estou utilizando formas simples e rápidas de serem feitas. Após entender o funcionamento da ferramenta, cabe a você começar a desenvolver o seu know-how no Illustrator para criar objetos complexos.

Blend

Bom, se você não entendeu a razão do título desta seção ser Blend, não se preocupe, pois eu usei *blend* já que todos preferem usar esse termo ao termo *mistura* (tradução livre).

É mais fácil explicar o comando Blend através de imagens do que pelo texto. Crie três retângulos e em seguida selecione-os.

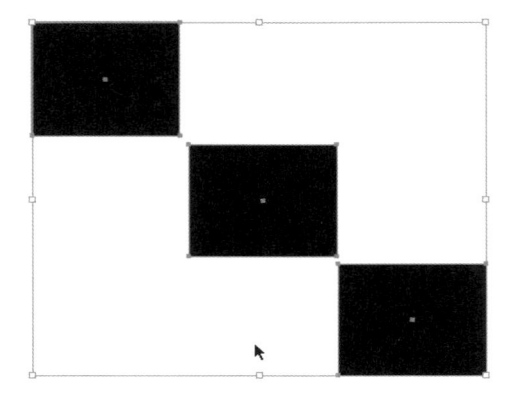

Clique em Object > Blend > Make. Ao clicar sobre Make, os retângulos acima assumirão um novo desenho.

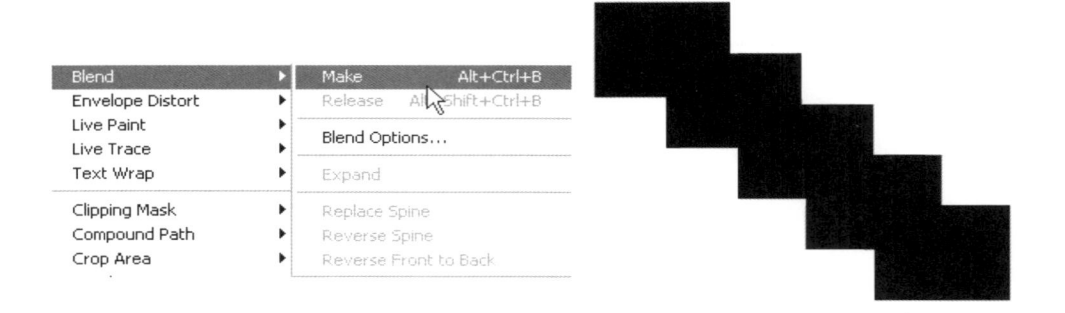

Agora, crie dois círculos.

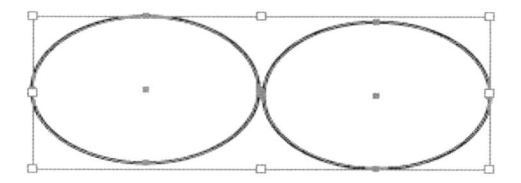

Em Blend, escolha Blend Options (opções de mistura) para abrir a caixa Blend Options.

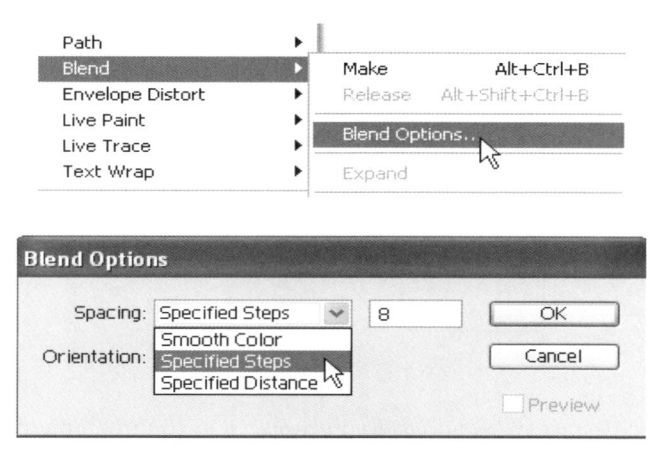

Em Spacing, selecione Specified Steps (especificar passos) e insira o valor 8 para repetir 8 vezes o processo. Clique em Ok e depois clique em Object > Blend > Make. A figura ficará assim:

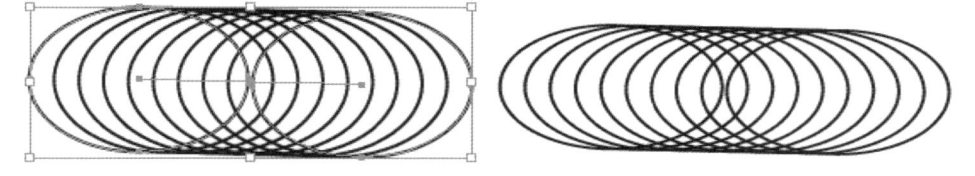

Observe que se você rotacionar ou ampliar o conteúdo dos objetos que foram submetidos ao Blend, a ação será considerada para todos os objetos simultaneamente.

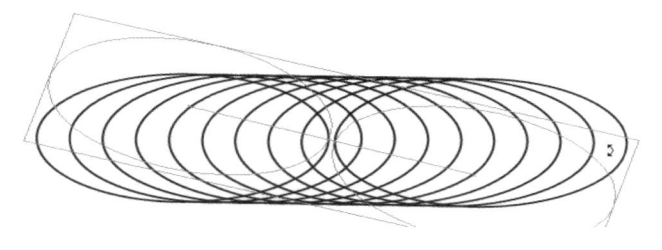

Isso é o mesmo que dizer que os objetos estão agrupados. Agrupar significa pegar diversos objetos e torná-los um único objeto. Para isso, você precisa utilizar o comando Object > Group (agrupar).

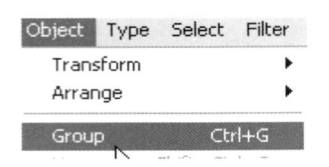

Selecione os objetos que deseja agrupar e clique em Group. Os objetos passarão a ser um só.

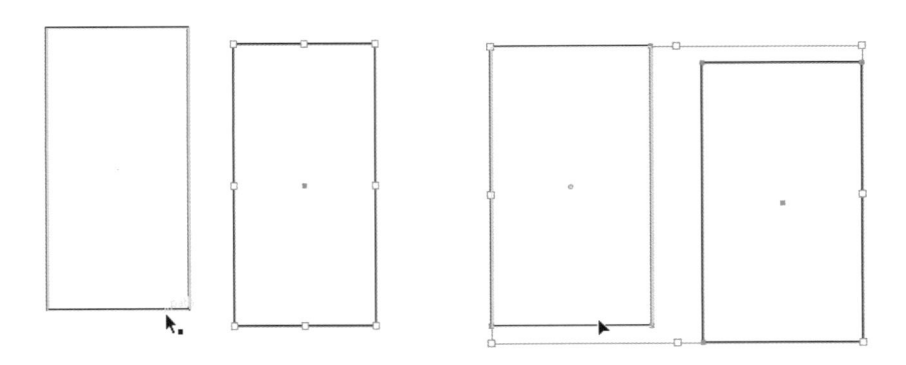

Ao mover, você estará movendo todo o grupo e não só um elemento.

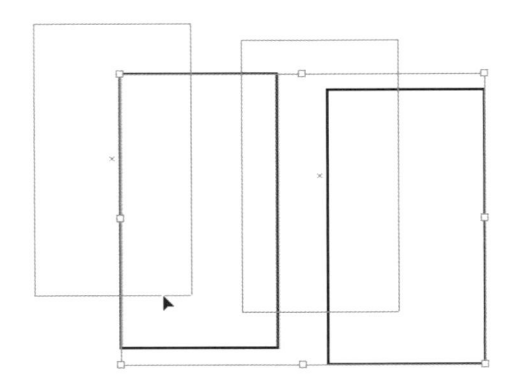

Se o comando Group agrupa os objetos, o que será que o comando Ungroup faz?

Voltando ao Blend, entendeu a razão do nome ser blend (mistura)? Um bom uso do Blend é a criação de efeitos em 3D e profundidade, mas para isso você terá que treinar bastante para conseguir transformar um objeto simples em um objeto complexo. Illustrator não é só técnica, é arte também.

Crie um retângulo e dentro dele crie outro retângulo um pouco menor com um preenchimento de cor.

Na caixa de ferramentas, dê um duplo clique para abrir a Blend Options (uma alternativa ao uso do menu).

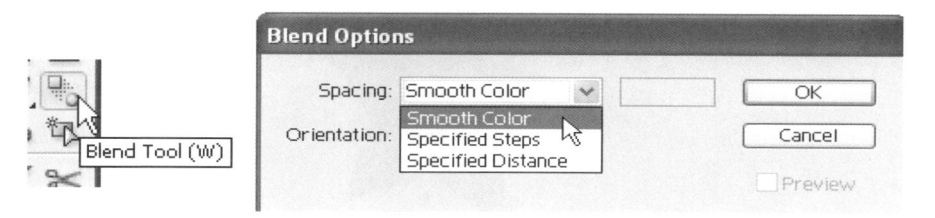

Na caixa certifique-se que a opção Smooth está selecionada. Clique em Ok e em seguida dê um duplo clique sobre o retângulo com preenchimento que foi desenhado.

O resultado é mostrado na figura abaixo, uma simples mistura de degradê com profundidade (3D)

Máscara

O conceito de uma máscara é colocar um disfarce sobre um objeto qualquer. Então, quando estamos usando uma máscara estamos na verdade disfarçando o nosso rosto (o objeto). Para entender o uso de máscaras (mask) no Illustrator você pode usar esse conceito, pois ele cai muito bem. Bom, esse conceito cai bem enquanto você estiver usando recursos simples de uso de máscara, à medida que você aprofundar os estudos verá que a coisa vai muito além.

Pegue uma ilustração qualquer. Eu optei por pegar parte da ilustração flower.ai disponível na pasta samples do Illustrator.

Em seguida, desenhe uma estrela.

Posicione a estrela sobre a ilustração.

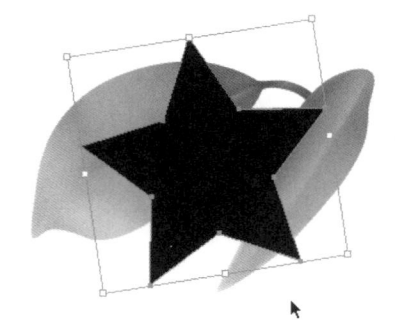

Selecione ambos os objetos.

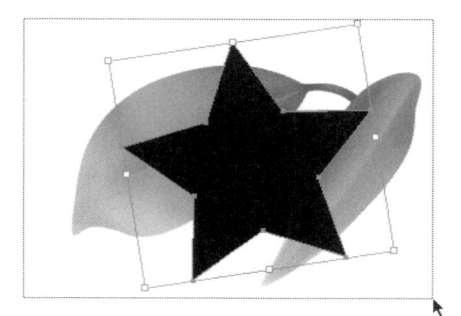

Com os objetos selecionados, clique em Object > Clipping Mask > Make.

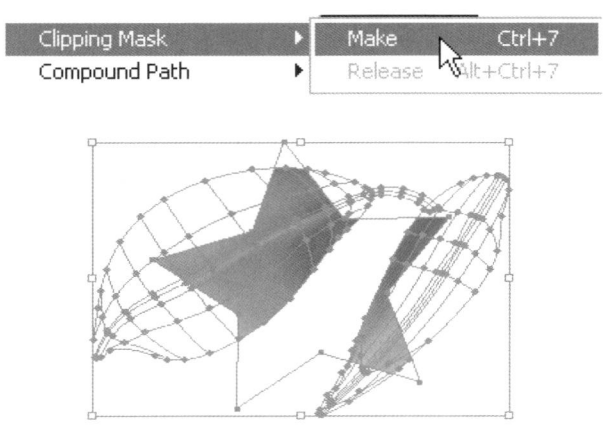

Clique em qualquer lugar da área de desenho para retirar a seleção. Observe que a estrela foi preenchida com o conteúdo da ilustração. A área em branco dentro da estrela corresponde à área em branco entre as duas folhas da ilustração.

Abaixo, mais um exemplo do uso da ferramenta Mask.

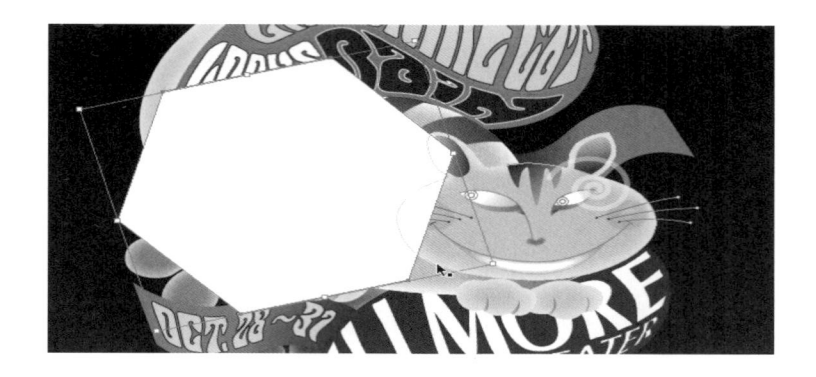

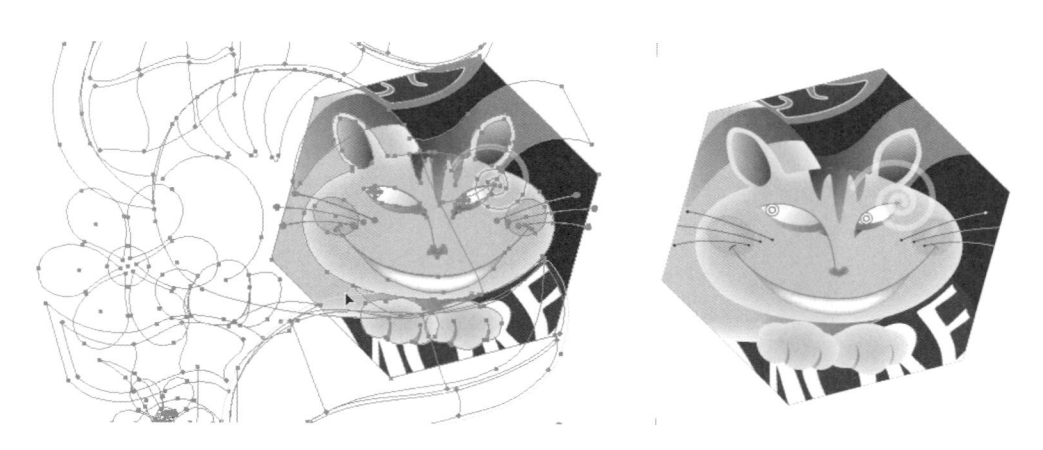

Cuidado com uma coisa: depois de aplicado o Mask, a ilustração não é deletada do arquivo, ela continua lá, só que oculta.

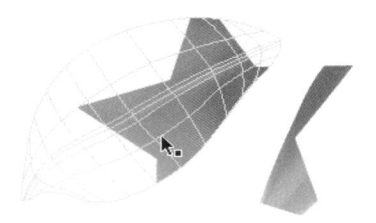

Essa técnica também pode ser utilizada com textos. Digite um texto qualquer. Posicione o texto (arraste-o) sobre uma ilustração.

Selecione a ilustração e o texto e em seguida aplique o Mask. O resultado é mostrado abaixo.

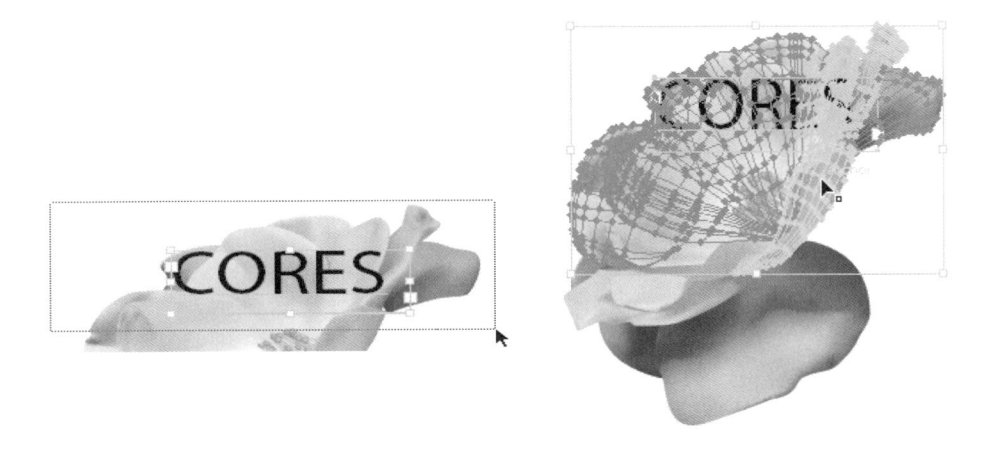

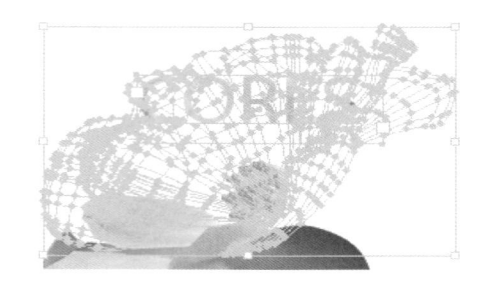

A palavra CORES assume o preenchimento da pétala de rosa.

Distorção

Essa técnica já diz tudo pelo próprio nome, ou seja, pegar um objeto e distorcer. A vantagem é que, além de poupar muito tempo, ela dispõe de uma "pancada" de opções de distorções. Para começar, selecione um objeto.

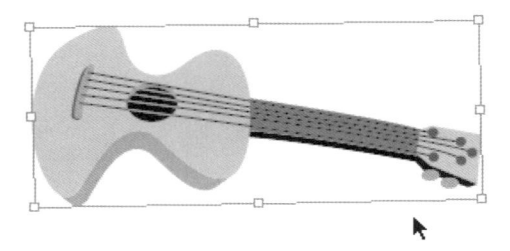

Clique em Object > Envelope Distort. Aparecerá um novo menu com algumas opções de distorção. Escolha a primeira, Make wity Warp.

Na caixa, clique no campo Preview para visualizar as distorções à medida que for configurando. Em Style, escolha um tipo de distorção e veja o que acontece com o objeto.

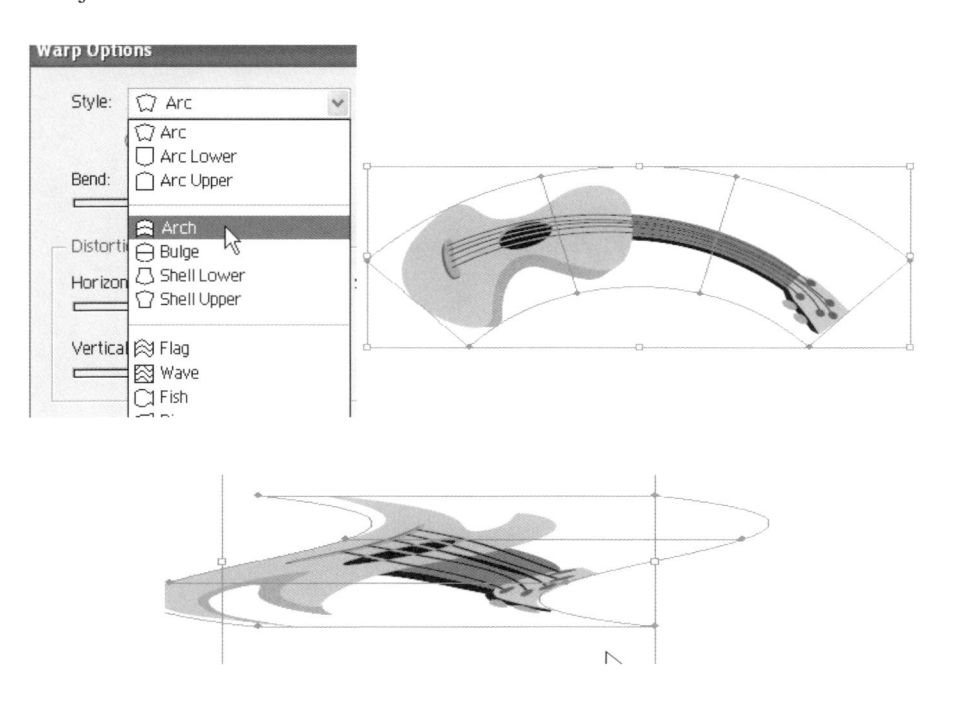

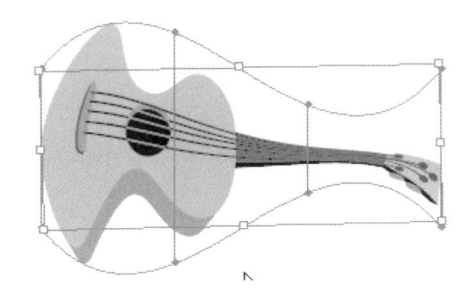

Outros exemplos:

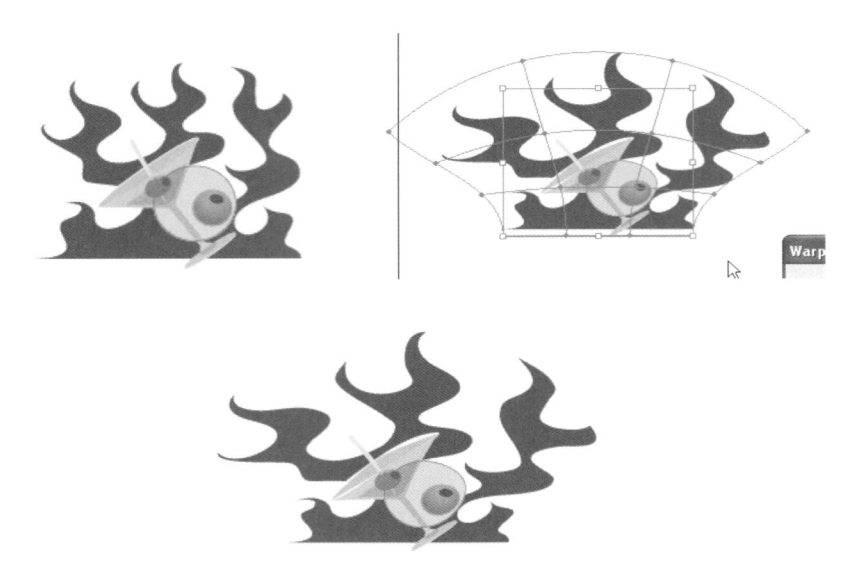

A distorção também pode ser aplicada a textos. Veja.

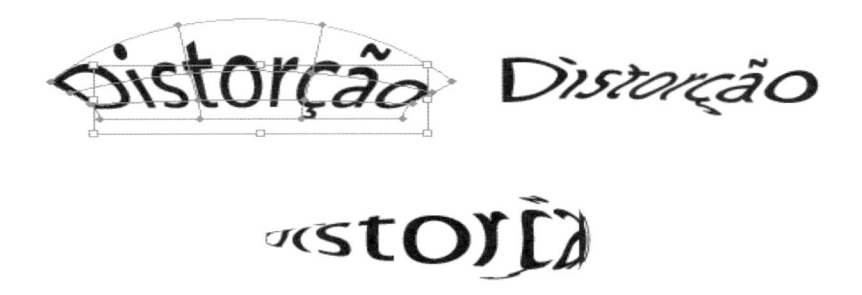

Transparência

Fica fácil entender as ferramentas quando o nome da mesma é auto-explicativo. Agora, não pense você que através da paleta Transparency você poderá tornar qualquer elemento transparente, pois a coisa não é tão simples assim.

Primeiro, para tornar um objeto transparente, você precisa saber o seguinte:

1. Qual o motivo de torná-lo transparente?
2. O que você quer visualizar através da sua transparência?

Aqui eu reforço a dica de que você deve primeiro fazer no papel o esboço do seu desenho antes de partir para o Illustrator.

Com o objeto selecionado, clique em Window > Transparency para abrir a paleta Transparency.

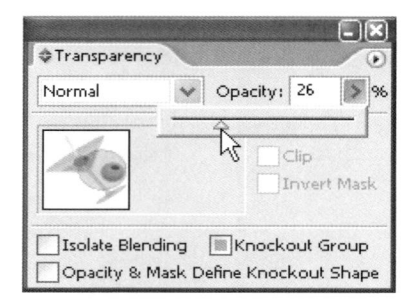

Na figura abaixo, eu só selecionei a taça e não o desenho por inteiro.

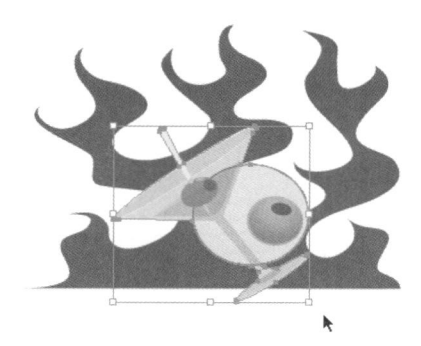

Essa técnica, bem como diversas outras já mostradas, deve ser reproduzida por você em seu computador para melhor visualização do processo.

Na paleta, altere o valor de Opacity (opacidade). Quanto menor o valor, maior a transparência.

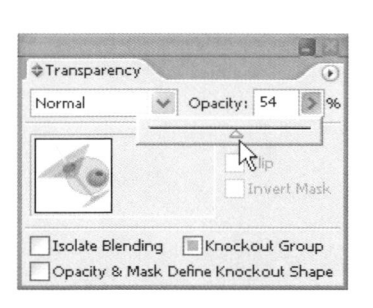

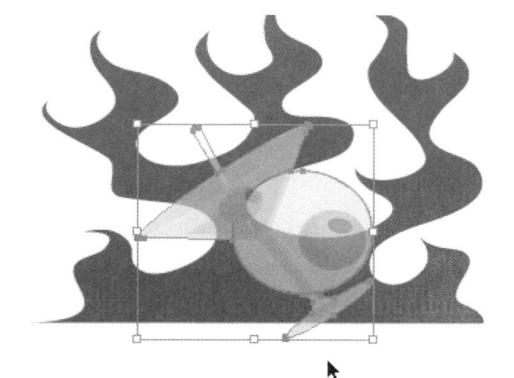

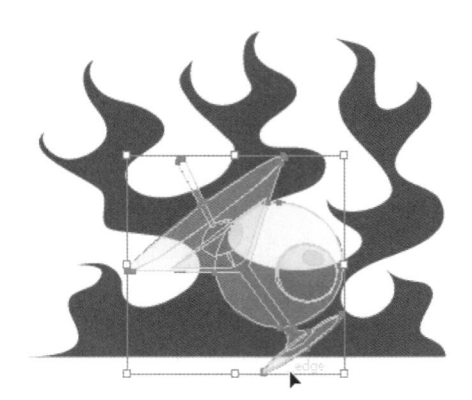

Ao lado de Opacity tem um menu suspenso com diversas opções de transparência. Treine cada uma delas para saber qual a melhor a ser usada de acordo com as suas necessidades.

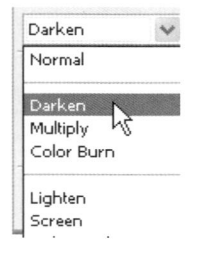

Outros exemplos de transparência.

Acima, o copo só com os comprimidos. Abaixo, preenchendo o copo com um líquido (azul claro, no caso). Esse líquido azul nada mais é que um círculo com aplicação de transparência.

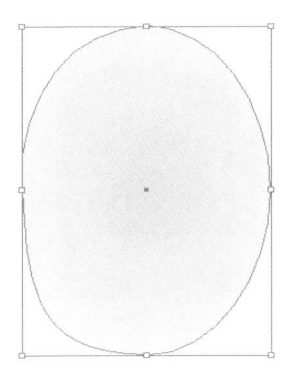

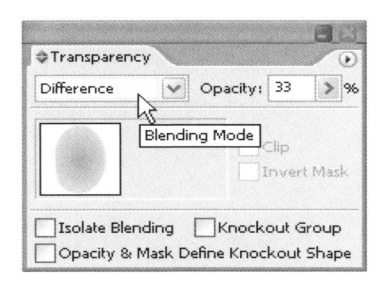

É claro que para dar o efeito de líquido dentro do copo o formato do círculo deverá ser manipulado para para preencher todo o copo.

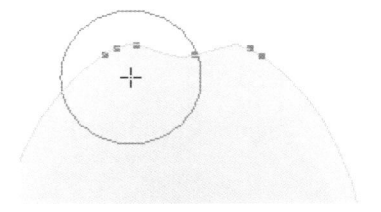

Um céu estrelado

Precisa de um céu estrelado em seu desenho? Que tal desenhar cada uma das estrelas, o fundo do céu, os demais astros e etc... Acho que em uns 4 dias trabalhando direto você terá terminado o céu.

Por outro lado, se você for daqueles que acham que a informática veio para ajudar e não para atrapalhar, com certeza irá optar por trabalhar com a paleta Swatches. Clique em Window > Swatches para abrir a paleta.

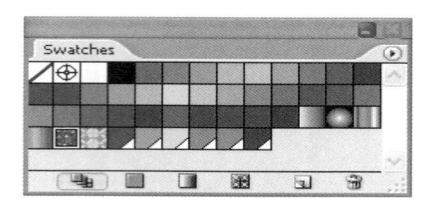

Na paleta, clique na seta existente no lado direito e escolha large Thumbnail View (aumenta o tamanho do ícone)

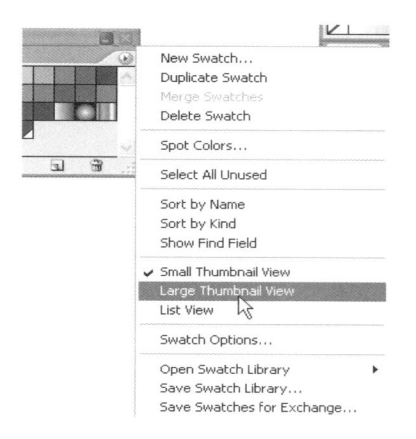

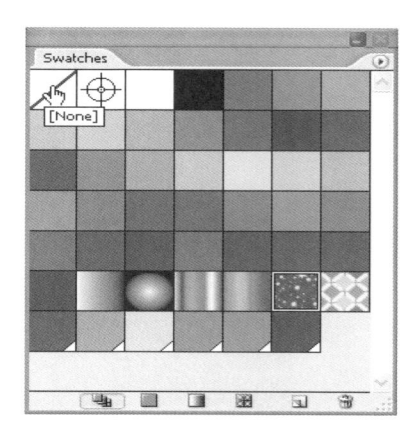

Agora, basta clicar sobre o ícone desejado, no caso o do céu à noite, para que você possa usar o padrão.

Selecione a ferramenta elipse e faça o desenho dela.

Ao liberar o botão do mouse, a elipse será preenchida com o padrão selecionado em Swatches.

Os padrões disponíveis em Swatches funcionam com outras ferramentas tal como a ferramenta Arc e Pen e, o que é melhor, se desejar pode aumentar o seu conjunto de padrões disponíveis em Swatches obtendo os plug-ins na internet.

Na barra de opções também é possível escolher padrões para uso com as ferramentas de desenho.

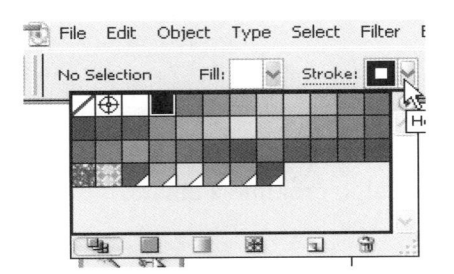

Eu escolhi o padrão Grid on Grid e selecionei a ferramenta Pencil para desenhar. Lembre-se de alterar o tamanho da ponta do lápis para poder visualizar o padrão.

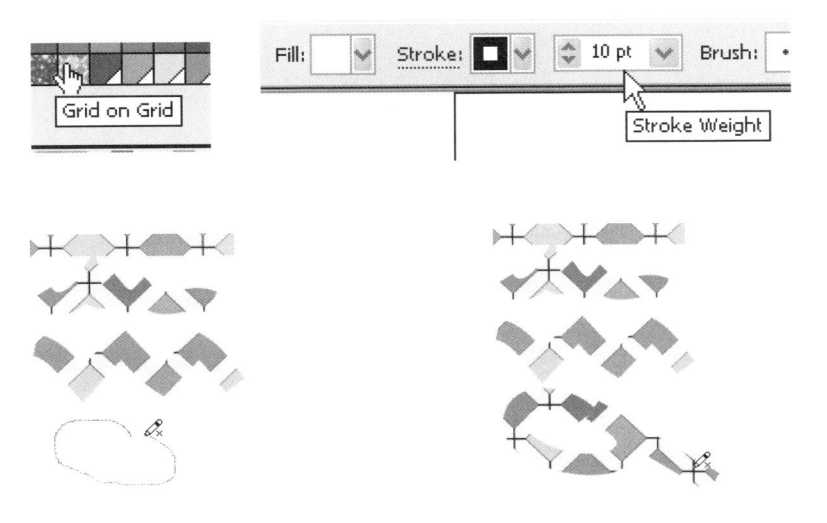

Pincel

Essa é uma das ferramentas mais versáteis do Illustrator. Com ela é possível criar coisas que você jamais acreditaria ser capaz de fazer com apenas alguns cliques. Quer ver?

Selecione a ferramenta Paintbrush na caixa de ferramentas.

Na paleta Brushes, selecione 15 pontos oval como mostra a figura abaixo.

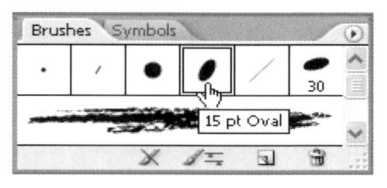

Aumente a grossura do pincel.

Desenhe um retângulo, ou algo próximo a um....

Na paleta Graphic Styles, selecione Drop Shadow Soft (sombra suave) e veja o que acontece com o retângulo.

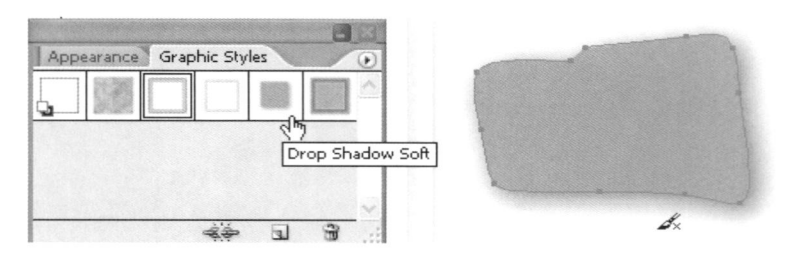

O retângulo foi preenchido com a cor azul e recebeu uma sombra suave ao fundo. Ainda em Graphic Styles, clique nas outras opções para você ver as variações.

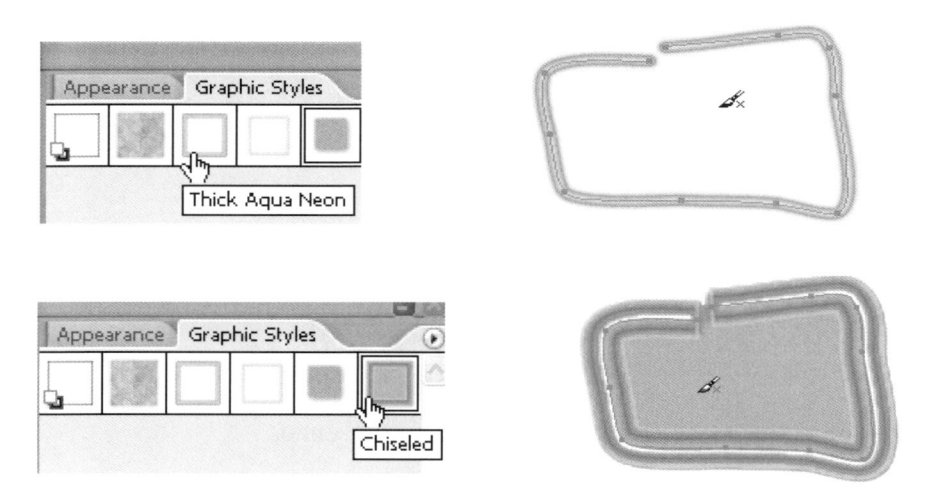

Observe que essa técnica é válida para diversas ferramentas de desenho e não necessariamente só o pincel. As figuras abaixo foram feitas com o lápis.

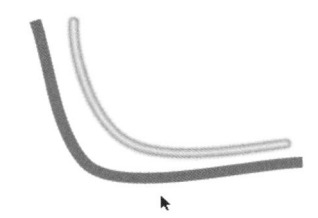

Agora, apliquei o efeito de sombra ao fio mais abaixo.

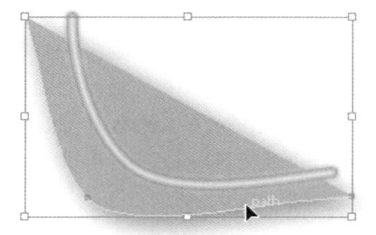

Aqui usei a ferramenta Rectangle.

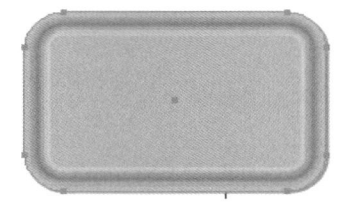

Agora, você saberia criar um néon? Não? É fácil. Veja.

Selecione a ferramenta Paintbrush.

Em Brushes, escolha Charcoal – Thin.

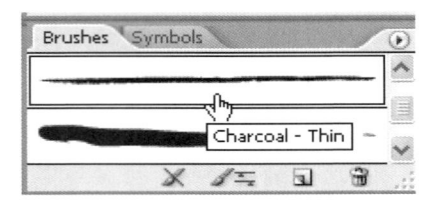

Trace uma linha reta com o pincel na área de desenho.

Clique em Thick Aqua Neon na paleta Graphic Styles.

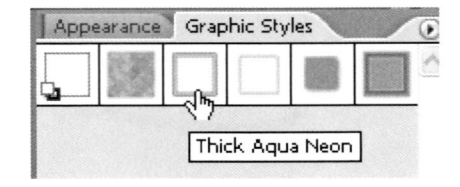

Pronto, agora você tem um néon.

Com a ferramenta Pen e Pencil também é possível criar o mesmo néon. Basta escolher o padrão néon antes de começar a desenhar com a ferramenta.

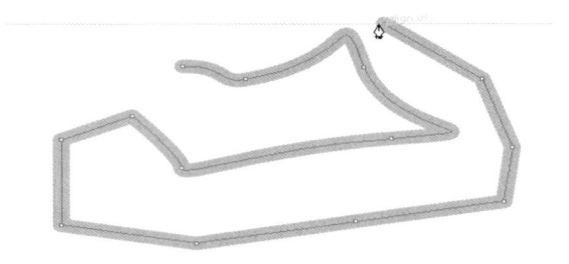

Para fazer o pincel (ou o lápis/caneta) voltar ao contorno normal, clique em Default Graphic Style na paleta.

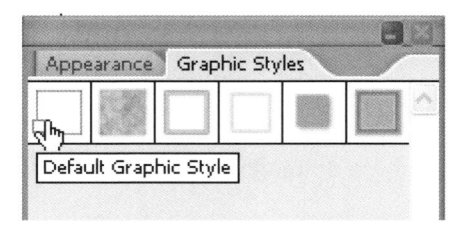

Camadas

O Illustrator também trabalha com camadas tal como o Photoshop. Por isso, não vou entrar em detalhes de como as camadas funcionam, pois isso já foi dito no livro Photoshop Guia Prático e Visual.

O desenho abaixo é composto por algumas camadas que estão disponíveis na paleta Layers.

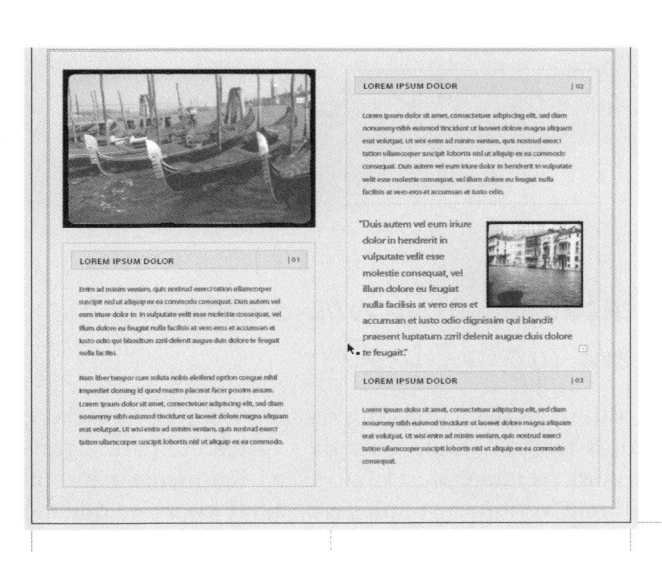

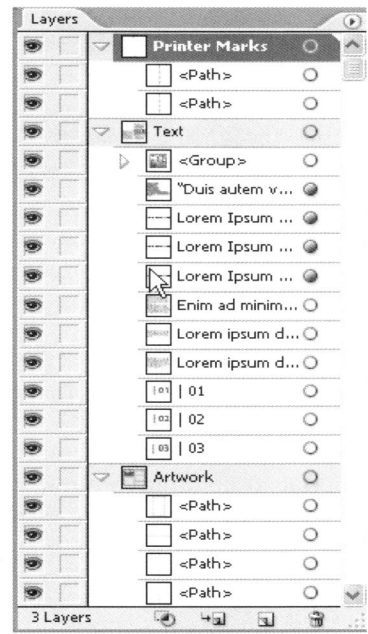

Símbolos

Uma facilidade que o Illustrator oferece é que diversos elementos você não precisa criar, pois eles já estão disponíveis no programa ou podem ser acrescentados via plug-ins. Os símbolos são um deles.

Para criar uma ilustração com o uso dos símbolos, clique em Symbol Sprayer na caixa de ferramentas.

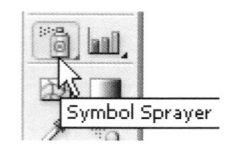

Em seguida, escolha o símbolo desejado na paleta Symbols.

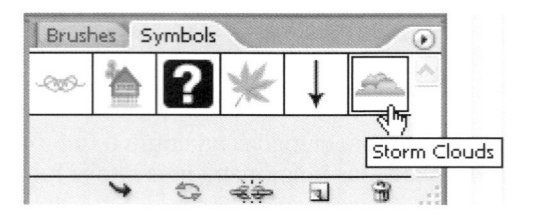

Agora, basta clicar para inserir os símbolos.

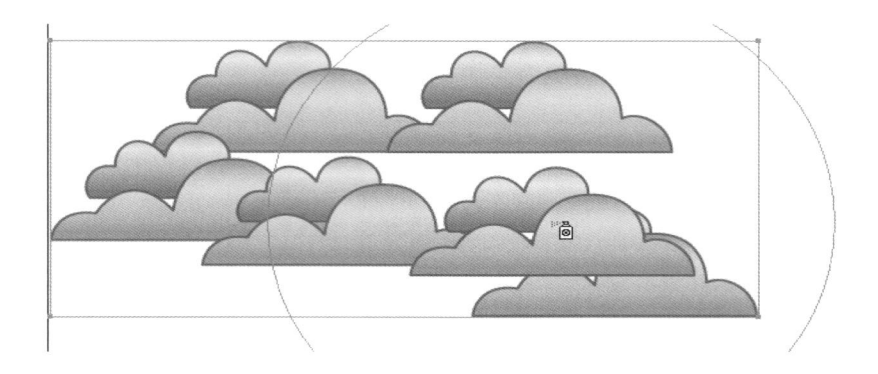

Impressão, Web, exportação de arquivos e outras coisas que você já leu em algum lugar

O simples fato de eu omitir no livro temas como impressão, web, exportação e importação de arquivo e outros tantos temas comum é motivo suficiente para alguns encherem minha caixa de e-mails com reclamação. O fato é: eu realmente não vou tratar desses pontos no livro por um motivo muito simples e bastante coerente que é o fato de você já estar familiarizado com esses temas.

Você deve estar se perguntando de onde eu tirei tal afirmação que você já tem know-how suficiente sobre impressão, por exemplo, se nem mesmo o conheço.

Para responder a essa possível indagação, utilize a seguinte lógica:

Você faria um curso de direção defensiva sem saber dirigir?

Se a sua resposta foi **sim**, não sei nem o que dizer para você... só tenho dó da população que mora na mesma cidade que você.

Se a sua resposta foi **não**, você entendeu o espírito da coisa. Quem se aventura pelo Illustrator tem as seguintes características, dentre outras:

- ❏ Já conhece outros programas gráficos;
- ❏ Não é 100% leigo em informática;
- ❏ Internet, Windows Explorer, baixar arquivos, Messenger e outros não são nomes desconhecidos;
- ❏ Utiliza computador pelo menos 3 vezes por semana;
- ❏ Tem uma meta e por isso quer aprender a usar o Illustrator
- ❏ Irá comprar um livro sobre temas específicos do Photoshop e do Illustrator, por exemplo, livros sobre retoques de imagens ou camadas.

Com certeza, você se encaixa em um desses perfis e por isso eu posso subentender que o processo de impressão, por exemplo, não é nenhum bicho de sete cabeças, afinal basta apertar o famoso Ctrl+P para imprimir.

O ato de imprimir um documento seja ele no Excel, no Corel ou no Illustrator não muda de essência, ou seja, em uma linguagem técnica significa pegar um conjunto de dados, transformar em uma linguagem compatível com a impressora para que essa pegue esses dados e os transforme novamente em desenhos, textos, números e etc...

O que você não pode esquecer é que cada programa tem suas particularidades seja na hora de imprimir seja na hora de exportar um arquivo para Web (converter para HTML). Mas essas particularidades você só vai dominar e entender se seguir uma regrinha básica, que mostro a seguir.

Vamos supor que você queira exportar o seu desenho para que o seu cliente possa visualizar via Web.

Teoricamente, você teria apenas que clicar na opção Save for Web no menu File e pronto, a mágica aconteceria.

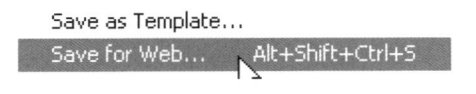

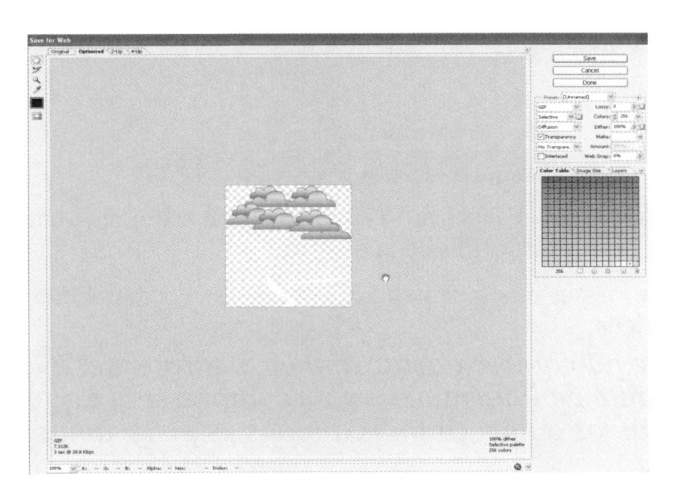

Mas infelizmente a coisa não é tão banal assim. Criar o arquivo para disponibilizar na Internet é fácil e o próprio Illustrator se encarrega de deixar o arquivo da melhor forma possível para isso.

Entretanto, alguns outros pontos são importantes antes de converter o seu desenho para um formato que possa ser transmitido pela Web. São eles:

- Como o cliente irá ver o desenho. Ele vai visualizar via e-mail ou irá acessar um site?
- Qual o tipo de conexão que ele dispõe?
- Ele sabe mexer com Internet?
- O material que ele irá receber tem que ser 100% fiel (inclusive nas cores) ao que está no Illustrator?
- Como você vai disponibilizar o arquivo na Web caso ele fique com um tamanho gigantesco?
- Como você vai reduzir o tamanho desse arquivo para ele poder trafegar na Internet sem muita lentidão?

Observe que os pontos acima são todos eles relativos a problemas que nada têm a ver com o Illustrator. Estamos aqui falando de problemas relativos a webdesign, programação, taxas de transferência de arquivos e outros pontos subentendidos que, para serem sanados, requerem um certo conhecimento em outras áreas e programas senão o Illustrator e/ou Photoshop.

No mercado existem diversos livros e manuais que explicam a fundo como converter imagens de altíssima resolução para um formato que possa ser lido via Web; e outros tantos livros e manuais que ensinam como criar um pequeno site para disponibilizar seus arquivos.

Veja, portanto, que saímos da esfera de domínio do Illustrator e entramos em uma situação onde o conhecimento de diversas ferramentas e programas é fundamental para a obtenção dos resultados.

Uma situação similar ocorre na hora de exportar um desenho. Para exportar, basta clicar em File > Export.

Mas aí vem a dúvida: qual o formato a escolher? Qual a diferença entre cada formato? Por qual razão eu devo usar o JPEG e não o Tiff?

Para responder a essas e outras dúvidas, novamente você terá que recorrer a livros e manuais específicos.

Se não quiser gastar dinheiro, a Internet é excelente fonte de informações sobre impressão, exportação e outros temas comuns a todos os programas.

Eu sei que o livro está chegando ao fim e nem todos os comandos e recursos do Illustrator foram apresentados.

- Alguns eu simplesmente ignorei pois iria fazer uma enorme salada de fruta na sua cabeça;
- Outros são de uso específico e, nesse caso, você terá que obter as informações através de documentos específicos;
- Não caberia tudo num só livro;
- Alguns estão no Illustrator mas ninguém, acredite, ninguém utiliza;
- Para quem não sabia nada de Illustrator, se você chegou até aqui, não pare e corra imediatamente atrás de um livro para usuários avançados.

Portanto, o que eu quero que fique bem claro para você é:

Continue estudando, pois Illustrator Guia Prático e Visual, Photoshop Guia Prático e Visual e InDesign Guia Prático e Visual são apenas o início da sua tormenta e nem tudo será resolvido com apenas esses livros. Infelizmente você terá que buscar mais informações em outros canais, exatamente como ocorre nas faculdades.

Este livro foi impresso nas oficinas gráficas da Editora Vozes Ltda.,
Rua Frei Luís, 100 – Petrópolis, RJ,